O MUNDO E O HOMEM

Coleção Big Bang
Dirigida por Gita K. Guinsburg

Edição de texto: Marcio Honorio de Godoy
Revisão de provas: Jonathan Busato
Capa e projeto gráfico: Sergio Kon
Produção: Ricardo Neves, Sergio Kon e Raquel Fernandes Abranches

O MUNDO E O HOMEM
uma agenda do século XXI à luz da ciência

JOSÉ GOLDEMBERG

PERSPECTIVA

Dados Internacionais
de Catalogação na Publicação (CIP)
(Câmara Brasileira do Livro, SP, Brasil)

Goldemberg, José, 1928- .
 O mundo e o homem : uma agenda do Século
XXI à luz da ciência / José Goldemberg. – São Paulo:
Perspectiva, 2008. – (Big Bang / dirigida por Gita K.
Guinsburg)

ISBN 978-85-273-0831-1

1. Artigos jornalísticos 2. O Estado de São
Paulo I. Guinsburg, Gita K. II. Título. III. Série.

08-06194   CDD-070.442

Índices para catálogo sistemático:

1. Artigos jornalísticos 070.442

Direitos reservados à

EDITORA PERSPECTIVA S.A.

Av. Brigadeiro Luís Antônio, 3025
01401-000 São Paulo SP Brasil
Telefax: (011) 3885-8388
www.editoraperspectiva.com.br

2008

SUMÁRIO

Introdução 11

Apresentação 13

I. CIÊNCIA

O que o Futuro nos Reserva 17

A Ciência nos Países em Desenvolvimento 21

Ciência e Abertura Econômica 25

Ensino e Pesquisa 29

A Ciência no Século XXI 33

Expectativas para o Século XXI 37

Os Cientistas e o Poder 41

II. MEIO AMBIENTE E CLIMA

Uma Taxa sobre as Emissões de Carbono 47

O Clima e a Riqueza das Nações 51

Florestas e Petróleo 55

Proteger o Homem ou o Meio Ambiente? 59

As Religiões e o Meio Ambiente 63

Hidrelétricas e o Meio Ambiente 67

Progresso e Meio Ambiente	71
Os Ambientalistas e a Energia Nuclear	75
Os Limites do Planeta Terra	79
Licenciamento Ambiental em São Paulo	83
Ambientalistas Ameaçam o Desenvolvimento?	87
Clima – Uma Nova Oportunidade?	91
Clima – A Conferência de Bali	95

III. ENERGIA

O Fim da Era do Petróleo	101
A Comissão Internacional de Barragens	105
Energia no Século XXI	109
Energia e População	113
Racionar ou Racionalizar?	117
A Independência Energética	121
Biodiesel – Promessas e Problemas	125
Madeira ou Usinas Nucleares?	129
Energia – Sonhos e Realidades	133
O Brasil e a Arábia Saudita	137
Energia – Outra Morte Anunciada	141

IV. AMAZÔNIA

A Quem Interessa a Destruição da Amazônia?	147
A Defesa da Floresta Amazônica	151
A Amazônia sob Ataque	155

Amazônia e Paranóia   159

Como Salvar a Amazônia?   163

V. ENERGIA NUCLEAR

Energia Nuclear e Medicina   169

Armas Nucleares – Mitos e Realidades   173

O Futuro da Energia Nuclear   177

A "Renascença" da Energia Nuclear   181

Chernobil, 20 Anos   185

O Irã e as Armas Nucleares   189

A Proliferação de Armas Nucleares   193

Energia Nuclear no Mundo   197

VI. UNIVERSIDADE

Universidades Públicas e Universidades Privadas   203

Greves nas Universidades   207

A Reforma do Sistema Universitário   211

A Municipalização do Ensino Básico   215

Em Defesa das Universidades Públicas   219

As Vagas das Universidades Públicas   223

Universidades Públicas e a Sociedade   227

Como Melhorar o Ensino Superior?   231

Os Problemas do Ensino Superior   235

Cotas nas Universidades Públicas   239

INTRODUÇÃO

 Não se costuma guardar jornais. A gente os lê e os elimina. No dia seguinte repetimos o mesmo ato. O jornal é a expressão do transitório. A própria mutabilidade dos acontecimentos retira a perenidade dos escritos. Todavia há artigos que permanecem pelo conteúdo, pela qualidade da escrita, são artigos que visam um público mais reflexivo. Por outro lado, a impossibilidade de se dar conta de todos os domínios do conhecimento e dos debates que influem diretamente no nosso cotidiano acentua ainda mais a importância dos jornais, de seu poder de penetração e informação e de apresentar, com liberdade, um leque de temas candentes tratados por articulistas e jornalistas competentes.

Esta é uma das razões porque reunimos neste volume os artigos de José Goldemberg, subdivididos em seis temas (Ciência, Meio Ambiente e Clima, Energia, Amazônia, Energia Nuclear e Universidade), que estruturam, de algum modo, a biografia deste combativo homem público, cientista e pesquisador.

A outra, não menos importante, é que o professor de física nuclear José Goldemberg é um verdadeiro precursor no campo ao qual se dedicou nas últimas décadas: produção de energia. Em 2002 levou para a África a proposta de se incluir, até 2010, na matriz energética mundial, cerca de

10% de energia renovável. Mas, trinta anos antes, em 1970, foi um dos responsáveis pela criação do Proálcool e, hoje, a própria expansão do etanol e o uso de seu rejeito, o bagaço da cana, permitem prever, sem devaneios, programas que geram energia equivalente a gerada pelas grandes usinas hidroelétricas. Além disso, a aceitação de suas idéias por seus pares, como referência mundial, tornaram-nas canônicas e o reconhecimento desse fato pelos órgãos internacionais, preocupados com energia e meio ambiente, é atestado não apenas pela revista *Time*, que colocou José Goldemberg entre os Heróis do Meio Ambiente, como pela outorga do título "Honoris Causa" do Technion - Israel Institute of Technology, em 1991 e criação da "Cátedra José Goldemberg de Física da Atmosfera", na Universidade de Tel Aviv, em 1994, e dos prêmios Mitchell, pelo desenvolvimento sustentável, em 1991, Volvo, em 2000, e Planeta Azul, em 2008, a mais importante distinção em termos de meio ambiente, o que o inclui entre os mais proeminentes ecologistas, ambientalistas e militantes em prol de políticas para um mundo sustentável.

Embora este volume apresente apenas uma súmula de suas idéias e argumentos, seus trabalhos técnicos como professor do Instituto de Eletrotécnica e Energia da USP, não só respondem a perguntas relevantes sobre o tema, como constituem um estímulo para um amplo campo de pesquisa ligado à biotecnologia, agronomia, química, e campos conexos que por sua vez implicarão políticas de investimento em pesquisa e políticas públicas de proteção da vida no planeta Terra.

GITA K. GUINSBURG

APRESENTAÇÃO

R EUNI NESTE LIVRO ARTIGOS QUE ESCREVI NOS ÚLTIMOS dez anos para o *Estado de S.Paulo* – sendo exceção um artigo que saiu no *Correio Braziliense* – sobre os seguintes temas:

I. Ciência
II. Meio Ambiente e Clima
III. Energia
IV. Amazônia
V. Energia Nuclear e
VI. Universidade

Neles analisei criticamente políticas públicas discutidas na ocasião em que foram publicados e apresentei sugestões concretas para aperfeiçoá-las. Alguns dos artigos se tornaram obsoletos, mas a sua diretriz geral é clara e ainda pode ser útil.

O resultado do trabalho científico não pertence ao cientista e à maneira pela qual ele é usado e determinado pela sociedade e governo. Acredito firmemente, porém, que é um dever ético e moral dos cientistas apresentar com clareza, à sociedade, os resultados do trabalho científico e suas potenciais conseqüências, para que a sociedade faça as escolhas dos caminhos a seguir.

Isto é o que tentei fazer ao longo dos anos, através destes artigos.

JOSÉ GOLDEMBERG

I.
CIÊNCIA

O QUE O FUTURO NOS RESERVA*

PREVER O FUTURO SEMPRE FOI UMA TAREFA ARRISCADA. É por essa razão que as grandes pitonisas do passado, como a do Oráculo de Delfos e muitas outras, sempre se manifestaram de forma dúbia, deixando amplo espaço para interpretações. As profecias de Nostradamus são um claro exemplo dessas dubiedades.

Por essa razão, os sacerdotes e outros "iluminados" que pretendiam antever o futuro restringiam suas previsões a temas que diziam respeito ao comportamento de seres humanos, o resultado de grandes batalhas ou o fim de uma epidemia. Com isso, tentavam interpretar os desejos dos "deuses" da época, sem se comprometer objetivamente com resultados.

Quando se trata de ciências, seria de esperar que as previsões fossem um pouco melhores. A experiência mostra que esse não é o caso.

Em 1895 – há mais de um século – nas vésperas do ano 1900, a grande revista americana *Scientific American* realizou um simpósio especial para discutir o que se esperava da ciência e da tecnologia no novo século. Foram feitas muitas especulações otimistas, mais inspiradas pelos

* 02/01/1999

romances de Júlio Verne do que em conhecimentos sólidos de ciência, como robôs capazes de realizar serviços domésticos, cidades submarinas no leito dos oceanos, automóveis voadores e a eliminação de todas as doenças. Curiosamente, não foram mencionados os desenvolvimentos mais importantes que ocorreram no século XX: a descoberta do rádio, televisão, energia nuclear, eletrônica, antibióticos, aviação e a exploração do espaço.

Pode-se tirar duas lições dessas experiências: primeiro, que o futuro pode conter muitas surpresas, e, em segundo lugar, às vezes surgem dificuldades inesperadas que impedem que certas previsões se concretizem. Por exemplo, a idéia de substituir empregados domésticos por robôs nunca se realizou – a não ser nos filmes de Woody Allen – e, mesmo na indústria, a substituição de operários por robôs não ocorreu de uma forma tão avassaladora como se esperava. Freqüentemente é mais fácil e econômico simplesmente melhorar as máquinas que facilitam certas tarefas simples, deixando outras para operários versáteis, do que fazer grandes investimentos em robôs.

Por outro lado, transistores foram usados inicialmente apenas como substitutos mais resistentes e duradouros do que válvulas a vácuo. Ninguém imaginou, no início da era dos transistores, que eles não só podiam ser produzidos em massa como também seriam miniaturizados, o que não podia ser feito com válvulas a vácuo. Com isso abriu-se não só a possibilidade de construir computadores (que usam milhares ou milhões de transistores) como também radinhos que operam com pilhas, telefones celulares e inúmeros outros equipamentos que hoje dominam nossa civilização.

Apesar das decepções que tentativas de prever o futuro têm causado, a tentação de continuar a fazê-las é muito grande, sobretudo quando nos defrontamos agora com um novo milênio e não apenas um novo século. O simbolismo dessa transição só pode ser comparado ao que ocorreu nas vésperas do fim do primeiro milênio. Ciência e tecnologia não eram tão importantes na época como religião; e as previsões naquele momento eram de que o mundo acabaria na virada do milênio.

A *Scientific American*, por essa razão, realizou, em 1995 – um século após a publicação de seu simpósio sobre o século XX –, uma nova reunião em que especialistas tentaram prever o que vai acontecer no século XXI em ciência e na tecnologia.

Os resultados são interessantes, mas claramente repetem os problemas que caracterizam o simpósio de 1895; são previstos grandes avanços nas seguintes áreas:

- Transportes – com o domínio dos trens super-rápidos, automóveis não poluentes, incluindo os elétricos, aviões supersônicos e exploração espacial.
- Materiais – o desenvolvimento de materiais "inteligentes", com novas propriedades que avisam com antecedência sobre problemas estruturais, produtos auto-replicantes e modernos métodos de fabricação.
- Informática – grandes avanços, levando até a certos tipos de inteligência artificial, o que, aliás, no século XX se mostrou muito mais difícil do que se esperava.
- Energia e meio ambiente – em que fontes renováveis de energia serão mais importantes e um novo tipo de "ecologia industrial" será introduzida, englobando

reprocessamento de resíduos ou dos próprios materiais, reduzindo assim os problemas ambientais.

Apesar dos grandes avanços previstos acima, eles todos caem na categoria de avanços convencionais, em áreas que já estão em desenvolvimento e entendemos bem.

A exceção são as previsões na área médica, em que poderão ocorrer desenvolvimentos revolucionários com a produção *in vitro* de órgãos artificiais e a manipulação genética, seja para prevenir doenças, seja para curá-las, estender a vida humana ou programar as características das gerações futuras. O conhecimento minucioso do código genético dos seres vivos permite visualizar esses processos, bem como os sérios problemas éticos e sociais que eles vão gerar. É nessa área que provavelmente ocorrerão, no século XXI, grandes desenvolvimentos e mudanças no comportamento humano, e é oportuno que comecemos a nos preparar para elas.

A CIÊNCIA NOS PAÍSES
EM DESENVOLVIMENTO*

COM O AVANÇO, QUE PARECE INEXORÁVEL, DA GLOBA-lização, se discute, no mundo todo, qual é o papel da ciência nos países em desenvolvimento e que tipo de apoio deve o governo dar a essa atividade.

A "globalização" da economia, paradoxalmente, é um produto da tecnologia moderna. Governos não podem mais controlar o fluxo de informações e não somente os rádios de pilha, mas telefones celulares e a televisão atingem todos os recantos da Terra. A revolução que derrubou o xá da Pérsia foi feita na base de fitas cassete que os partidários do aiatolá Khomeini – exilado em Paris – distribuíram em Teerã. Nos dias de hoje, decisões econômicas da maior importância não podem ser decretadas de cima para baixo por governos, já que os fluxos de capital têm uma volatilidade extraordinária e podem atravessar fronteiras quando se pressiona uma tecla num computador.

A tecnologia da comunicação e informática é apenas uma das tecnologias que revolucionaram estruturas sociais e a relação entre países a partir da Segunda Guerra Mundial. Outras tecnologias, não só de produção como de processo, ocorreram nesse período, como a fabricação de "carros mundiais",

* 11/06/1999

em que o motor é produzido num país, a carroceria, em outro, a transmissão, num outro ainda e a montagem do carro passa a ser uma simples etapa da cadeia de produção. Não é mais possível dizer hoje se o carro é "importado" da Alemanha ou dos Estados Unidos, já que os componentes vêm de vários países, até mesmo de países em desenvolvimento que no passado importavam carros prontos.

A relação "colônia-império", que era tão clara no começo do século, em que as colônias produziam matérias-primas que eram exportadas para o "império", de onde eram importados todos os produtos manufaturados, deixou de existir. O que continua, contudo, é que no "império" é produzida toda a tecnologia que é usada nos processos produtivos, havendo muito pouca participação dos países em desenvolvimento.

É por essa razão que o apoio à ciência nesses países é visto como pouco prioritário, porque seus resultados são pouco relevantes para o processo de produção que usa tecnologias que vêm de centros mundiais nos países industrializados.

Para os pequenos países em desenvolvimento, essa não é uma situação insatisfatória, mas, para os grandes países dessa categoria, como Brasil, Índia, Indonésia e alguns poucos outros, ela é desconfortável, porque não só os torna dependentes como também não lhes dá a possibilidade de competir em setores altamente rentáveis.

Inovação é uma área dinâmica e, como talento existe em todos os países, nada garante que a liderança dos Estados Unidos, que é tão evidente hoje em todas as áreas, não passará para as mãos de outros países amanhã. Veja-se, por exemplo, o sucesso da Índia em produzir *software* para computadores usados nos Estados Unidos.

Essa é a razão porque empresários visionários e governantes esclarecidos mobilizam recursos privados ou públicos e os concentram em áreas de ponta, que não só tornam seus países mais independentes como também mais competitivos.

Há vários exemplos no Brasil de projetos dessa natureza que tiveram sucesso, como o Instituto Manguinhos, a siderúrgica de Volta Redonda, a indústria de papel e celulose, toda a indústria do açúcar e álcool e a indústria aeronáutica e espacial que se criou em torno do Instituto Tecnológico da Aeronáutica (ITA).

Todos esses projetos, porém, tiveram início há muitas décadas, e o que chama a atenção, quando se examina o panorama científico nacional, é que novos projetos de vulto não surgiram no Brasil recentemente.

O que ocorreu foi uma expansão geral do apoio à ciência e tecnologia, que foi feita com sucesso pelo Conselho Nacional Finep, pela Fapesp e por outros órgãos governamentais similares. Ela dotou o país de uma boa infra-estrutura científica, que é, sobretudo, "horizontal", sem áreas salientes.

O Brasil tem hoje cerca de 75 mil cientistas, o que é um número significativo quando comparado com os Estados Unidos, que têm um milhão de cientistas, mas têm também um produto *per capita* mais de dez vezes maior que o Brasil.

O que os Estados Unidos têm, porém, que o Brasil não tem são todas as seguintes características:

- um bom sistema universitário para produzir cientistas;
- um setor empresarial e financeiro dinâmico que investe em áreas de vanguarda, mesmo sabendo dos riscos envolvidos;
- uma mão-de-obra de nível médio qualificada; e
- salários atraentes associados ao mérito.

É por isso que é duvidosa a eficácia de uma estratégia "horizontal" em gerar pólos de desenvolvimento científico e tecnológico do tipo Vale do Silício ou mesmo São José dos Campos, que se formou em torno do ITA.

Lançar grandes projetos de desenvolvimento exige liderança, competência e coragem, que são qualidades difíceis de reunir. Há, também, sempre o risco de se errar nas escolhas ou de elas não darem certo, prejudicando o conjunto da atividade científica.

A crise econômica que o país atravessa, porém, vai tornar mais escassos os recursos para ciência e tecnologia e levantar dúvidas quanto à real necessidade de tais dispêndios diante de outras prioridades nacionais mais urgentes, de caráter social.

Nessas condições, uma estratégia a ser adotada é a de reorganizar a linha de frente e torná-la menos extensa, concentrando recursos que poderiam efetivamente, a médio prazo, dar resultados e retorno à sociedade.

CIÊNCIA E
ABERTURA ECONÔMICA*

POSIÇÕES CLARAS OU MESMO EXTREMAS SÃO MUITO úteis na definição dos rumos de um país. Sob esse ponto de vista, Gustavo Franco, ex-presidente do Banco Central, contribui para o debate ao argumentar que ainda falta muito a fazer para abrir realmente o Brasil ao mercado internacional. E cita, como exemplo, os Estados Unidos, muito mais "abertos" que o Brasil. Outros argumentam que é justamente a abertura a responsável pela recessão e pelo desemprego que existem no país.

Por essa razão, vale a pena salientar algumas diferenças que existem entre os tipos de exportações dos Estados Unidos e do Brasil. O conteúdo tecnológico que está embutido e qual o papel que ciência e tecnologia representam nelas é um bom indicador do grau de abertura da economia.

Os Estados Unidos geram internamente a grande maioria da tecnologia mundial e dos seus produtos de exportação. O Brasil contribui muito pouco para a tecnologia mundial e também pouco para a tecnologia que é usada no Brasil. Para se convencer disso basta lembrar que são registradas, por ano, no Instituto Nacional de Propriedade Industrial (Inpi), cerca de 3,5 mil patentes, das quais

* 13/07/1999

apenas quinhentas são de inventores nacionais. O restante são patentes de empresas estrangeiras que tentam, com o registro no Inpi, proteger os desenvolvimentos científicos e tecnológicos feitos nos seus países de origem.

Isso é também o que ocorre em vários estados ou regiões dos Estados Unidos da América, mas um país independente com suas características próprias tem sérias dificuldades em aceitar esse tratamento. É até possível que essas características desapareçam com o tempo e o mundo todo se transforme numa grande nação mundial, como foi Roma há vinte séculos. Mas ainda não estamos lá e mesmo a Comunidade Européia, que está integrando os países do Velho Continente, tem ainda um longo caminho a percorrer.

Poder-se-ia argumentar que a defesa de um nacionalismo atrasado não tem mais lugar no mundo moderno, e a defesa de maior conteúdo tecnológico nos produtos nacionais não passa de uma defesa dos industriais locais ineficientes e de cientistas e tecnólogos que querem garantir seus empregos.

Sucede que até agora a diversidade de produtos, tecnologias, métodos de produção e de comercialização garantem um lugar para os produtos alemães, ingleses, italianos, japoneses e americanos, mesmo num mundo em processo de globalização. Carros japoneses, caviar russo e vinhos franceses são preferidos nos Estados Unidos, e talvez computação eletrônica seja a única área em que a hegemonia americana é completa.

A contribuição da tecnologia local dos diversos países se baseia em oportunidades e características que podem exigir novos desenvolvimentos ou a adaptação de tecnologias existentes a situações específicas. Cientistas e tecnólogos podem não só inovar como também selecionar o que é mais adequado no mercado internacional e pode ou deve ser importado.

Por mais ampla que seja a base científica, ela só pode ter sucesso quando posta a serviço de objetivos nacionais, que podem ser mais ou menos específicos. Foi isso que aconteceu nos Estados Unidos, em que a decisão de colocar um homem na Lua e bater os soviéticos nessa tarefa deu corpo e alma ao seu programa espacial e aos benefícios colaterais da tecnologia associada a ele.

No Brasil, o apoio à ciência e à tecnologia seguiu o mesmo caminho, no passado, com a criação do Instituto Manguinhos, para combater a malária e outras doenças no Rio de Janeiro, do Instituto de Pesquisas Agronômicas, para combater a broca do café, e uns poucos outros.

A visão do almirante Álvaro Alberto ao criar o Conselho Nacional de Pesquisas tinha muito a ver com projetos nacionais, como teve a criação do Instituto Tecnológico da Aeronáutica, que deu origem a engenheiros qualificados, e, em última análise, à Embraer.

O que ocorreu com o Conselho Nacional de Pesquisas e com os recursos humanos que ele está formando desde 1950 é que – sem objetivos claros – ele se tornou um órgão auxiliar das universidades, concentrando sua ação na área acadêmica, o que era certamente necessário, mas não suficiente.

O apoio à inovação tecnológica ocorreu em pequena escala e mesmo a Financiadora de Estudos e Projetos (Finep) não passou muito de órgão assessor do Ministério da Educação, quando o aumento do conteúdo tecnológico dos produtos brasileiros teria de se dar na própria indústria.

Se isso ocorresse e o país se firmasse no cenário internacional como exportador de produtos de conteúdo tecnológico próprio, ele poderia abrir mais seu mercado a importações de forma seletiva, conquistando outros com esses produtos.

Nesse caso, a análise de Gustavo Franco poderia revelar-se correta.

Há, porém, poucos exemplos de sucesso tecnológico no país, se bem que os aviões da Embraer e a produção de álcool em larga escala para combustível sejam muito promissores.

É nessas direções – e em outras a identificar – que precisamos mover-nos. Só assim daremos ao desenvolvimento científico e tecnológico do país uma direção e justificativa que todos poderão entender e apoiar.

ENSINO E PESQUISA*

O ECONOMISTA CLÁUDIO DE MOURA CASTRO É UM IMportante funcionário do Banco Interamericano de Desenvolvimento na área de educação e tem no seu currículo um bom desempenho como presidente da Capes, principal órgão do governo federal de apoio à formação de recursos humanos no nível de pós-graduação. É, portanto, de estranhar que se lance, como fez recentemente, contra a exigência constitucional de que as universidades obedeçam ao princípio da dissociabilidade entre ensino, pesquisa e extensão.

Argumenta ele que "a pesquisa é essencial para o país, uma especialização desejável para certas instituições, não é uma necessidade para elas e é uma impossibilidade para a maioria". Dá como exemplos as Grandes Escolas da França (Escola Politécnica, Escola Normal Superior, Escola Nacional de Administração e outras), e várias universidades americanas ("liberal arts colleges"), que oferecem excelente ensino sem se caracterizar pela atividade de pesquisa.

Essas considerações, a nosso ver, são equivocadas, por duas razões:

* 07/09/1999

- Todas as grandes instituições de ensino citadas acima têm no seu corpo docente professores que são os melhores de sua área de competência. Essa competência eles adquiriram fazendo pesquisas no passado ou ainda no presente, em outras instituições congêneres àquelas em que ensinam.
- As instituições citadas não são universidades, cobrindo todas as áreas de conhecimento, mas escolas especializadas.

Na realidade, o problema levantado por Cláudio de Moura Castro não seria tão sério no Brasil porque o Conselho Nacional de Educação já resolveu essa questão, criando centros universitários que não são universidades e onde a existência de pesquisa não é essencial.

O problema é que já existem universidades públicas e privadas em que se faz pouca ou nenhuma pesquisa e extensão. Estas não querem perder o *status* e a autonomia didático-científica e administrativa que a Constituição federal garante às universidades, e que elas não teriam ao se apresentarem apenas como instituições de nível superior.

Os mecanismos que o Ministério de Educação tem no momento colocam pressão sobre as universidades para que elas façam simultaneamente ensino, pesquisa e extensão, e relaxar essa pressão não atende, a nosso ver, ao interesse público.

Se alguma das atuais universidades deseja dedicar-se exclusivamente ao ensino – e fazê-lo bem –, deve abrir mão do nome de universidade e se tornar um centro universitário, conjunto de faculdades ou mesmo uma escola isolada.

É conveniente, contudo, reservar o nome de universidade às instituições que façam avançar o conhecimento, além de ministrar um bom ensino. Essa é a combinação apropriada para impedir a "fossilização" do ensino e a entrega da educação dos quadros superiores do país a simples repetidores de livros-texto.

É bem verdade que muitas das atuais universidades não têm as condições mínimas para se desincumbir bem das tarefas de ensino e pesquisa, mas a solução não é conformar-se com isso, mas tentar melhorá-las. Caso contrário, isso nunca vai acontecer.

Situações desse tipo ocorreram no passado em outros países e a vantagem de dispositivos constitucionais – às vezes um pouco visionários – é desempenhar o papel de forçar as pessoas e as instituições a fazer um esforço adicional para tentar atingi-los.

Há, é claro, uma grande diferença entre visões e os meios de que se dispõe para atingi-las. Esse é um problema antigo, que foi levantado em 1789, no início da Revolução Francesa. Pareceu aos constituintes da Convenção Republicana muito melhor ter uma visão nobre do futuro – sem esclarecer os meios para atingi-la – do que não ter visão nenhuma. Foi assim que surgiu a *Declaração dos Direitos do Homem,* um dos documentos mais importantes dos últimos séculos. Até hoje lutamos para que ela seja obedecida!

A nova Constituição federal de 1988 tem também algumas características do mesmo tipo, criando direitos sem criar obrigações, pelo que tem sido muito criticada. Ainda assim, ela representou um avanço em relação ao passado.

O ensino fundamental público e universal foi uma das maiores conquistas da Revolução Francesa. Oferecer escola a todos pareceu aos líderes da revolução o melhor caminho para acabar com os privilégios da monarquia. Contudo, a implementação do que parecia naquela época um sonho só conseguiu concretizar-se quase cem anos depois, por causa das dificuldades materiais e do custo desse ensino. Desde 1789, porém, escola pública, na França, tornou-se sinônimo de um regime republicano e o melhor caminho para acabar com os privilégios do "velho regime". Assim é até hoje, inclusive no nível universitário.

É por essa razão que não podemos ceder à tentação de deixar as universidades fazer o que bem desejam, sobretudo as privadas, nas quais já se encontram dois terços dos estudantes de nível superior do país. O mínimo que se deve exigir delas é ensino, pesquisa e extensão.

A CIÊNCIA NO SÉCULO XXI*

A CIÊNCIA AVANÇOU DE TAL FORMA NO SÉCULO XIX QUE deu a muitos a impressão que não haveria muito mais a pesquisar no futuro. Descobriu-se, por exemplo, no século passado, que a matéria era formada por átomos, a energia não podia ser criada, mas apenas transformada e que as espécies evoluem e o homem é um dos resultados desta evolução. Além disso, ficou estabelecido que eletricidade e magnetismo são ligados intimamente e leis universais regem os fenômenos do universo, da mesma forma que a Lei da Gravitação, de Newton, determina, com precisão, a maneira como os corpos celestes se movem. Esses conhecimentos científicos formam a base da revolução industrial do século XIX e da primeira metade do século XX.

Todo esse edifício foi, porém, seriamente abalado pelas novas descobertas científicas realizadas na primeira metade do século XX sem que tivessem sido previstas.

Por exemplo, a teoria da relatividade de Einstein em 1905 mostrou dramaticamente as limitações da física de Newton e da nossa concepção de espaço e tempo; pouco depois a mecânica quântica mostrou que a própria concepção de causalidade podia ser questionada. A descoberta

* 29/12/1999

da radioatividade mostrou que os átomos eram estruturas complexas e era possível libertar as enormes quantidades de energia armazenadas neles por meio de explosões nucleares, ou de reatores capazes de produzir calor e eletricidade. O desenvolvimento de transistores – um dos frutos da mecânica quântica – revolucionou a área de transmissão de informação, permitindo a construção de computadores e toda a parafernália associada. Na área biológica a descoberta do código genético na dupla hélice de DNA revelou o segredo da vida e da evolução.

O espetacular progresso da ciência no século XX, mesmo quando comparado com o produtivo século XIX, poderia dar de novo a impressão que pouco há para descobrir, que era a impressão prevalente que se tinha no fim do século passado. É possível que isto de fato ocorra, como já ocorreu durante a Idade Média, em que séculos inteiros não produziram nenhum avanço científico ou tecnológico significativo.

Por essa razão, prever o futuro foi sempre uma atividade muito arriscada, o que não impede que cientistas e até muitos charlatões tentem fazê-lo.

Provavelmente, o esforço mais sério nesse sentido foi feito pela *Scientific American*, a melhor revista de divulgação científica do mundo, fundada em 1845 nos Estados Unidos.

Em sua edição de dezembro, ela faz uma lista de principais perguntas ainda não respondidas pela ciência dos nossos dias, mas que, se espera, serão respondidas até meados do próximo século:

- É possível adiar o envelhecimento?
- Como funciona a mente?

- É possível construir robôs inteligentes?
- Existe vida fora da Terra?
- Como o universo se originou?
- O quanto podemos mudar o clima?
- Que segredos contêm os nossos genes?
- É possível unificar as teorias físicas?

Respostas a estas questões terão provavelmente enorme influência na tecnologia que se desenvolverá no próximo século. O esclarecimento completo do código genético poderá levar à prevenção de doenças e à produção de órgãos artificiais. Robôs realmente inteligentes e não as caricaturas que vemos em filmes poderão revolucionar de fato os meios de produção. Entender como funciona a mente poderá fazer de todos nós seres humanos melhores. Estamos realmente mudando o clima da Terra de forma a torná-la mais quente? Se for este o caso, é evidente que teremos de abandonar o uso de combustíveis fósseis e desenvolver novas fontes de energia "limpas" e seguras, o que provavelmente excluirá energia nuclear.

É possível que as perguntas acima não sejam as corretas e o próprio desenvolvimento da ciência formule outras, como ocorreu neste século.

É preciso também lembrar que ciência se desenvolve progressivamente e, em geral, o processo é lento e construído por muitas mãos e muitos cérebros.

O sistema de premiação criado pelo Prêmio Nobel não dá esta impressão, porque cada prêmio parece apontar para uma descoberta sensacional.

Há, é claro, avanços dramáticos de quando em quando, como as teorias de Einstein, mas em geral o avanço é gradativo e tem como ponto de partida a identificação de anomalias que não podem ser explicadas pelas idéias correntes. Novas idéias e novas experiências resolvem a questão e passam a ser as idéias prevalentes que, mais tarde, darão origem a novas questões e novas comprovações.

Ao entrarmos no século XXI, as grandes questões a serem esclarecidas parecem ser as listadas acima, mas nada garante que o panorama não mude dentro de alguns anos.

Um exemplo que parece comprovar esta observação é o de Jules Verne, que, sem ser um cientista, foi capaz, no século passado, de prever, com certa precisão, vários dos sucessos científicos e tecnológicos de nosso século. Ele tem hoje um substituto em Arthur Clarke, que descreve as viagens espaciais e as surpresas que elas nos podem trazer.

Prever o futuro talvez esteja em melhores mãos com eles do que com cientistas, que nunca foram bons em prever futuro.

EXPECTATIVAS PARA O SÉCULO XXI*

O INÍCIO DE UM NOVO SÉCULO – E AINDA POR CIMA UM novo milênio – leva sempre as pessoas a especular sobre quais surpresas o futuro nos reserva. Este é um tipo de exercício que é feito há muito tempo, com resultados muito precários, em geral. A regra é errar e não acertar ao prever o que vai acontecer num novo século. Curiosamente, porém, esta virada de século é saudada com otimismo e segurança por grande número de cientistas, em contraste com o que ocorreu há cem anos, no fim do século XIX.

A ciência dos séculos XVIII e XIX teve um enorme sucesso em explicar o que ocorre em torno de nós. Tais sucessos se devem principalmente a Newton, que estabeleceu as leis fundamentais da mecânica. Além de explicar as leis da queda dos corpos e o movimento dos planetas em torno do Sol, com sua teoria da gravitação universal, Newton introduziu firmemente a idéia de "causa e efeito" na análise científica, como preconizava Bacon. A procura das "causas" dos eventos que nos cercam dominou toda a investigação científica daí para a frente e fez enormes incursões na filosofia, com Emmanuel Kant, e nas ciências sociais, principalmente com Marx. O determinismo que Newton estabeleceu, ao descobrir

---

* 09/01/2001

leis que permitem prever a posição futura dos planetas ou a forma com que corpos caem, inspirou os cientistas sociais a desenvolver teorias sobre as "forças sociais" (que lembravam as "forças" de Newton, causa do movimento) e suas conseqüências.

Contudo, quando o século XIX terminou, havia alguns sinais inquietantes de que a ciência dos dois séculos anteriores estava encontrando sérios problemas. A descoberta da radioatividade, a "contração do espaço", resultante de certas experiências feitas com luz, não se enquadravam bem na ciência de então, apesar dos grandes progressos alcançados. As anomalias pareciam pequenas, mas quando foram compreendidas por Einstein e seus colegas no início do século XX revolucionaram completamente as idéias vigentes. A teoria da relatividade mostrou que as leis que regem os fenômenos em torno de nós não são corretas, mas apenas aproximações, e que são muito diferentes no nível dos átomos e no interior deles. A natureza estatística de muitos fenômenos também teve seus impactos e abalou as idéias de uma relação simples entre "causa e efeito". A mecânica de Newton deu lugar à mecânica quântica, que descreve melhor os fenômenos físicos.

Absorvidas essas idéias na ciência do século XX, elas permitiram o maior salto tecnológico da história da humanidade, com o desenvolvimento dos automóveis, aviões, rádio, televisão e telefonia, o uso irrestrito da eletricidade para mil aplicações, a produção de armas nucleares, *lasers*, computadores, antibióticos e finalmente a compreensão do próprio código genético que comanda o desenvolvimento dos seres vivos.

É com esta herança que o século XX se encerra, e com os cientistas mais confiantes do que nunca que entenderam finalmente as leis fundamentais da natureza. Esta é uma situação muito diferente da que existia há cem anos, em que havia "nuvens no horizonte". O que isso ensina é que a ciência oriunda de Newton é "antropomórfica", isto é, foi construída em torno do que percebemos, o que não é necessariamente toda realidade.

Agora, acreditam muitos que o mapeamento completo do código genético vai permitir prever doenças, abrir caminho para evitá-las ou preveni-las, o que, com outros avanços da medicina, que já estão ocorrendo, vai prolongar apreciavelmente a vida humana. As tecnologias da engenharia, com a contribuição das idéias da mecânica quântica, vão permitir construir novos materiais, melhores do que os encontrados na natureza. A captação de fontes quase infinitas de energia solar não poluente está ao alcance da mão, como aliás se vê em uso hoje nos satélites artificiais.

O século XXI, ao que parece, será um século de aplicações da ciência e não de revoluções, como foi o século XX. Essas aplicações poderão resolver os problemas crônicos da humanidade, como a pobreza e as privações, da mesma forma como a "revolução verde" resolveu o problema da fome com o uso de fertilizantes e pesticidas. Não é evidente que conseguiremos fazer isso sem destruir o meio ambiente, mas são bem claros – do ponto de vista técnico – os caminhos que se necessita trilhar para consegui-lo.

Se isso ocorrerá ou não vai depender do comportamento dos seres humanos, que mudou pouco desde a Antiguidade, como atestam as guerras do século xx, com inovações como o genocídio e a "limpeza étnica".

A falta de compreensão do que é realmente a natureza humana e como melhorá-la é provavelmente a principal causa do fracasso de experiências de engenharia social como a soviética. Isto provavelmente ocorreu porque elas se recusaram a aceitar a idéia de que em diferentes sistemas sociais e econômicos – quaisquer que eles sejam, socialistas ou capitalistas – muitos indivíduos agirão de forma competitiva a fim de melhorar o próprio *status*, conquistar o poder e servir os seus interesses ou do seu grupo. Infelizmente, o que a experiência mostra é que parece mais fácil fazer avançar a ciência e a tecnologia do que melhorar os seres humanos.

OS CIENTISTAS E O PODER*

EXISTE UMA CRENÇA GENERALIZADA DE QUE CIENTISTAS têm grande influência na forma como sociedades evoluem e nos governos de grande número de países. No que se refere à evolução tecnológica, não há dúvida que grandes avanços tecnológicos mudaram a face do mundo no passado – e continuam mudando hoje. Basta lembrar o que a descoberta da máquina a vapor, no fim do século XVIII, fez com a introdução das locomotivas e a revolução industrial do século XIX. Ela só se compara à revolução da informática, que estamos vivendo hoje, com computadores.

Esses avanços, em geral, são mais lentos do que se imagina, porque há um grande espaço de tempo necessário para que uma descoberta científica, que só tem interesse para poucos, se converta eventualmente num espetacular progresso tecnológico. Por exemplo, transistores, que permitiram a construção de grandes computadores, foram inventados há mais de cinqüenta anos, mas só passaram a ser utilizados em grande escala há 25 anos.

Os avanços não só são lentos, mas muito dispersos e descentralizados, com centenas ou milhares de cientistas e técnicos contribuindo um pouco aqui e ali até que surjam

* 20/03/2001

empresas poderosíssimas, como a Microsoft, que dominam toda uma área.

Governos são importantes na fase dos avanços científicos pelo apoio que dão a pesquisas numa ampla área de investigação. Dessas pesquisas surgem, às vezes, as inovações tecnológicas revolucionárias.

O relacionamento dos cientistas com governos é, porém, distante, e eles usualmente não freqüentam os corredores do poder nem atraem o interesse dos governantes. Isso só ocorre quando se trata de enfrentar crises, como, por exemplo, queimadas na Amazónia ou secas no Nordeste, que tem conseqüências sociais muito sérias.

As exceções ocorrem em tempo de guerra ou de grandes catástrofes naturais. É nessas exceções que nomes como o de Oppenheimer se tornam conhecidos do grande público, no caso como o homem que comandou o esforço científico americano para a construção das primeiras bombas atômicas.

Como Oppenheimer, muitos outros, entre os quais Sakarov, na ex-União Soviética, e Juliot Curie, na França, se tornaram famosos, e ao grande público davam a impressão de ser conselheiros especiais – e influentes – dos chefes de Estado. Essa impressão é incorreta. Sem os cientistas as armas nucleares não teriam sido construídas tão rapidamente, mas, já em 1939, antes do início da Segunda Guerra Mundial, se sabia o suficiente para imaginar que elas poderiam ser construídas, e como fazê-lo. Essa foi uma grande preocupação dos líderes americanos e ingleses, que temiam que a Alemanha nazista construísse armas nucleares antes deles.

Cientistas e o enorme exército de técnicos que puseram suas idéias em prática foram muito importantes, mas isso não lhes deu nenhuma influência especial na maneira como as armas nucleares foram usadas. Após testar a terrível arma no deserto do Novo México, grande número de cientistas – Oppenheimer entre eles – pediu ao presidente Truman, dos Estados Unidos, que não a usasse contra populações civis no Japão. Eles não só foram ignorados como provocaram o desprezo do presidente, que dali em diante se recusou a receber Oppenheimer, apesar de sua eminência. Hiroshima e Nagasaki foram arrasadas em 1945, o que levou à rendiçao do Japão. Poucos anos depois, Oppenheimer foi destituído de todos os seus cargos oficiais.

Pior ainda foi o tratamento dado a Einstein, o verdadeiro "pai da bomba atômica", que se havia refugiado nos Estados Unidos e convenceu – com sua imensa autoridade científica – o presidente Roosevelt a iniciar o programa atômico, mas foi mantido fora dele por não ser considerado politicamente confiável em razão de suas posições pacifistas.

Algo não muito diferente ocorreu na ex-União Soviética, onde Stálin só ouvia dos cientistas aquilo que desejava, desprezando o resto.

Aliás, a forma como cientistas foram tratados na Antiguidade não foi melhor. Quando os romanos tomaram Siracusa, há vinte séculos, um soldado matou Arquimedes – o grande cientista grego que inventara equipamentos que causaram grandes danos aos atacantes –, como um combatente qualquer.

Em geral, cientistas não recebem tratamento preferencial de governos, por mais revolucionárias que sejam suas descobertas, a não ser que seu trabalho seja considerado útil e benéfico para ambos. A aproximação cientistas-governos tem-se estreitado muito nos tempos mais recentes, porque depende-se cada vez mais da alta tecnologia que os cientistas dominam.

Com as possibilidades que se abrem agora de manipulação do código genético, a valorização dos cientistas de algumas áreas do conhecimento receberá grande impulso e suporte. Isso pode criar ilusões entre os mais ingênuos, que deveriam lembrar-se dos exemplos de Oppenheimer, nos Estados Unidos, e Sakarov, na ex-União Soviética, e de como foram tratados quando discordaram das políticas do governo e se tornaram automaticamente "dissidentes".

II.

MEIO AMBIENTE E CLIMA

UMA TAXA SOBRE AS EMISSÕES DE CARBONO*

E STE NÃO É UM ARTIGO SOBRE ECONOMIA, MAS SOBRE qualidade de vida e preservação do meio ambiente em que vivemos. A economia tem papel preponderante em determinar as nossas condições de vida e faz isso atribuindo um preço a produtos e serviços que são objeto de transações comerciais. Sucede que nem tudo tem um preço e, portanto, cai fora das relações simples de mercado.

É até bem possível que seja verdadeira a frase de um famoso professor americano quando afirma que as "piores coisas deste mundo são gratuitas", tais como poluir a atmosfera, os rios, os lagos e os oceanos.

Quem se ocupa em corrigir essas "maldades gratuitas", em geral, é o poder público, por meio de impostos, leis e regulamentos. O que se chama de "bens comuns" é, em princípio, protegido pelo Estado, como, por exemplo, os parques ou hospitais públicos que tentam atenuar os malefícios causados pela má qualidade do ar e da água.

Esse mecanismo protetor não funciona, em geral, muito bem, e outra maneira de proteger o "bem comum" é obrigar os poluidores a pagar pela poluição que produzem, com a esperança que eles se tornem os maiores interessados em evitá-la.

* 05/05/1998

Esse mecanismo não se mostrou capaz de proteger completamente a população, porque os poluidores acabam repassando ao consumidor os custos que tiveram para evitar a poluição.

Por essa razão, novos métodos têm sido sugeridos para reduzir a emissão de poluentes, tais como estabelecer também um preço para a qualidade do ar e das águas. Isso é fácil de fazer em alguns casos, mas não no caso do consumo de carvão e derivados de petróleo, que são os motores da civilização industrial. São eles, infelizmente, os principais responsáveis pela poluição urbana e, mais recentemente, pelo aquecimento da Terra, que está mudando (para pior) o clima da maioria das regiões do globo. A idéia é que o preço desses produtos deveria incluir o custo da poluição que causam.

Como há uma resistência generalizada em aumentar taxas e impostos, o preço do carvão ou petróleo nos grandes países industrializados é baixo e as conseqüências negativas para a qualidade do ar caem no "domínio público", pelo qual ninguém assume a responsabilidade.

Há exceções, que são os países escandinavos da Europa. Neles existe uma taxa sobre as emissões de carbono que desencoraja o uso de derivados de petróleo. Essa taxa também existe no Brasil, de maneira disfarçada, porque a gasolina custa o dobro do seu custo nos Estados Unidos para subsidiar o preço do álcool pago aos seus produtores. O álcool é, de fato, menos poluente do que a gasolina, sob vários aspectos. O governo tem intenções de acabar com esse disfarce, introduzindo um "imposto verde" sobre a gasolina, que não mudará muito a situação atual.

Essa não é, em si, uma má idéia, desde que tal subsídio não seja permanente, de modo a estimular o desenvolvimento tecnológico e forçar a queda do preço do álcool. É essencial que se fixe logo de início um cronograma para a redução e eventual eliminação dos subsídios.

Surge agora, na área internacional, a idéia de adotar o modelo escandinavo e brasileiro de aplicar pesadas taxas sobre carvão, petróleo e gás, de modo a diminuir as emissões de carbono. Essa seria a forma de levar muitos países industrializados a reduzi-las, cumprindo, assim, as resoluções adotadas em função da Convenção do Clima de 1992 e do Protocolo de Quioto de 1997.

É bem provável que os Estados Unidos não adotem essa solução, mas os países da Europa poderão fazê-lo, de acordo com recente editorial publicado na bíblia dos economistas, que é a revista denominada, muito adequadamente, *The Economist*.

A idéia foi lançada há alguns anos por acadêmicos preocupados com problemas de meio ambiente e clima, mas nunca foi levada muito a sério. E volta agora, com força, devido a um novo ingrediente, que seria reduzir impostos sobre salários – sobretudo da parte mais pobre da população – para compensar o aumento causado por ela. Seriam, portanto, os mais ricos – que são os maiores responsáveis pelas emissões de carbono e de outros poluentes – que pagariam pela poluição, o que, aliás, é o que dita o bom senso.

O CLIMA E A
RIQUEZA DAS NAÇÕES*

SURGIU RECENTEMENTE TODA UMA NOVA SAFRA DE livros que tentam explicar por que umas poucas nações são ricas e tantas outras, pobres. Esse era um exercício acadêmico popular nos séculos XVIII e XIX, que floresceu no mesmo período em que ocorreu a grande expansão colonial das nações européias, sobretudo da Inglaterra, no subcontinente indiano e na África.

O confronto da prosperidade e beleza das grandes cidades européias, como Viena, Paris e Londres, com a pobreza e o desleixo tão comuns nas cidades das colônias situadas nas regiões tropicais é, de fato, chocante. A comparação faz pensar logo numa correlação direta entre climas frios e quentes, e a indolência dos nativos nas regiões equatorianas, sobretudo na África, alimentou essas idéias. O conseqüente senso de superioridade dos europeus servia para legitimar a conquista de novos territórios e o estabelecimento de colônias.

Pelo menos um desmentido cabal a essas idéias é dado pela grande onda do islamismo no sétimo século da era cristã, quando os seguidores de Maomé – povos do deserto – conquistaram a África do Norte, o Oriente Médio e parte considerável

* 11/08/1998

da Europa. Apesar disso, essas teorias persistiram e só foram perdendo o crédito porque algumas colônias se tornaram prósperas, apesar do seu clima quente. Uma melhor compreensão de suas culturas e, sobretudo, o reconhecimento das suas contribuições à tecnologia e às artes acabaram por levar as idéias de que o clima determina a civilização a um semi-esquecimento. A grande onda nacionalista que se seguiu à Segunda Guerra Mundial com a "descolonização" de toda a Ásia e África contribuiu muito para isso. A visão etnocentrista dos europeus, que os colocava no pináculo da riqueza e da cultura, foi seriamente abalada.

É bem verdade que a conquista da independência de quase uma centena de nações não levou à erradicação da pobreza, mas ela parece estar mais ligada à ausência de lideranças locais do que ao clima. Há nações na África que estão experimentando um crescimento econômico apreciável, como Gana, enquanto países vizinhos, como Ruanda, estão imersos em guerras civis e numa barbárie medieval.

Parece claro, portanto, que a pobreza ou a riqueza das nações são determinadas por muitos fatores, entre os quais as características geográficas, os recursos naturais e também o clima. A importância relativa desses fatores varia, porém, de país para país e, obviamente, pode mudar também ao longo do tempo.

É essa variação com o tempo que começa a preocupar muitos, e provavelmente essa é a razão para o renascimento das "teorias climáticas" da pobreza, do século passado. A ação do homem está produzindo modificações climáticas mais rápidas do que as que ocorreram nos últimos milhares de anos, e esse processo está se acelerando. Não se sabe bem como essas modificações afetarão a agricultura, mas países que são muito dependentes dela sofrerão mais que países industrializados, onde a contribuição da agricultura para a riqueza nacional é pequena. A sua importância setorial, contudo, pode ser muito grande, como se pode ver pela influência das variações climáticas normais no preço dos produtos agrícolas. Quando geadas ocorrem na Flórida, em certas épocas do ano, a produção de laranja é seriamente prejudicada, favorecendo a sua exportação do Brasil para os EUA. Em contrapartida, geadas prematuras podem destruir os cafezais no Paraná.

Generalizar sobre esses problemas em nível nacional e internacional, de forma a atribuir-lhes – e só a eles – a pobreza e a riqueza das nações, parece um grande exagero.

O que parece ser uma determinante mais efetiva para essas diferenças é o regime político vigente, que pode encorajar ou desencorajar o desenvolvimento. São muitos os que acreditam que o Brasil poderia ter superado os EUA em desenvolvimento no século passado, quando a guerra civil do norte contra o sul, naquele país, quase o levou à destruição.

Com efeito, foi o Brasil um dos primeiros países do mundo a gerar eletricidade em usinas hidrelétricas, por volta de 1880, e a expansão das ferrovias, com o barão de Mauá, bem como a industrialização do país, teve um começo promissor. Uma liderança modernizadora na época teria dado ênfase ao desenvolvimento da indústria, e não à agricultura, como ocorreu. Apenas cinqüenta anos depois, com a Revolução de 1930, é que isso veio a ocorrer, tornando o Brasil um dos "retardatários" do século XX.

Clima influi e, provavelmente, vai-se tornar um fator crítico nas próximas décadas, se o aquecimento do planeta ocorrer como esperam os cientistas. Esse é um dos fatores a serem levados em conta na definição de políticas de industrialização e de desenvolvimento em geral.

FLORESTAS E PETRÓLEO*

RECURSOS NATURAIS SÃO DISTRIBUÍDOS DE FORMA muito desigual sobre a face da Terra. O Oriente Médio, que tem características de clima desértico, sobretudo na Arábia Saudita e nos países do Golfo Pérsico, possui as maiores reservas de petróleo do mundo no seu subsolo. O Brasil não é particularmente bem-dotado de reservas de petróleo, a não ser na plataforma continental, com poucas ocorrências em terra firme. Em compensação, tem a maior reserva de floresta tropical do mundo, na região amazônica: cerca de 480 milhões de hectares, nos quais estão armazenados quarenta bilhões de toneladas de carbono. Curiosamente, a quantidade de carbono armazenada em todas as reservas de petróleo existentes no mundo é aproximadante a mesma.

Se a madeira armazenada na floresta amazônica pudesse ser convertida facilmente em combustível, poderíamos competir com os maiores produtores de petróleo do mundo. Infelizmente, isso não é fácil de fazer. O que podemos fazer, no entretanto – e estamos fazendo –, é lançar carbono na atmosfera por causa do desmatamento da Amazônia, sem ter os benefícios que a queima de petróleo traz. Cerca de 1,7 milhão de hectares de floresta amazônica

* 30/05/2000

são cortados por ano, e cerca de 14% de toda a floresta já desapareceu.

Lançar carbono na atmosfera nunca foi uma preocupação importante até recentemente, mas está se tornando um problema sério. Esse aumento provoca o aquecimento da Terra, e esse aquecimento provoca mudanças do clima, como já começamos a observar.

Tratados internacionais, principalmente o Protocolo de Quioto da Convenção do Clima, já foram estabelecidos para evitar que as emissões de carbono aumentem. Até agora só estabeleceram limites para as emissões dos países industrializados, mas muito provavelmente, dentro de alguns anos, algum tipo de restrição também será imposta às emissões de países em desenvolvimento.

Quando isso ocorrer, o Brasil terá um motivo adicional para reduzir o desmatamento da Amazônia – causa principal de suas emissões –, além das razões óbvias, uma vez que ele prejudica a população local e desperdiça de forma predatória a maior das suas riquezas, que é a própria floresta.

Outra medida que poderá ser tomada para reduzir as emissões de carbono do país é promover o reflorestamento em áreas degradadas, o que já ocorre hoje em várias regiões do país com o plantio de eucalipto e "pinus" para uso da florescente indústria do papel e celulose. Cerca de 140 mil hectares são reflorestados a cada ano para suprir essa indústria. Contudo, tal atividade não compensa o desmatamento, cerca de dez vezes maior, na Amazônia, apesar de atenuar o problema.

Sucede que promover reflorestamento em larga escala poderia ter o benefício de um dos instrumentos que o

Protocolo de Quioto criou, chamado Mecanismo de Desenvolvimento Limpo. Por meio dele o Brasil poderia receber recursos do exterior se promovesse o reflorestamento, captando carbono da atmosfera. Ao que tudo indica, por cada hectare plantado seria possível captar US$ 100 por ano, o que, em dez anos, cobriria o custo do investimento necessário para reflorestar.

A madeira resultante poderia ser usada para expandir a indústria de papel e celulose ou ser usada para gerar energia elétrica em usinas térmicas; o fundamental, do ponto de vista do balanço de carbono, é que plantações que atinjam a maturidade – após dez ou quinze anos – sejam substituídas por outras, de modo que a cobertura florestal permaneça durante longos períodos de tempo.

Empresas americanas que geram energia elétrica queimando carvão já estão promovendo reflorestamentos para compensar suas emissões. Por enquanto, essas empresas estão fazendo isso para melhorar sua imagem, passando por "empresas verdes", que queimam carvão sem aumentar as emissões globais de carbono. Quando, porém, o Protocolo de Kyoto for ratificado e entrar em vigor, elas serão obrigadas a demonstrar ao governo americano que estão contribuindo para as reduções mundiais de carbono e se preparando para isso.

Nesse contexto, é muito interessante a proposta apresentada pelo deputado Carlos Minc à Assembléia Legislativa do estado do Rio de Janeiro, que determina que "as fontes fixas e móveis emissoras de gases provocadores de 'efeito estufa', especialmente monóxido e dióxido de carbono, ficam obrigadas a compensar o meio ambiente por suas emissões por meio de plantio e manutenção de florestas fixadoras de carbono".

Fontes móveis são principalmente automóveis, o que, em termos práticos, significa que cada automóvel que circula no Rio de Janeiro teria de pagar cerca de US$ 200 ao longo da vida do automóvel. Ao beneficiar-se do Mecanismo de Desenvolvimento Limpo, essa quantia cairia apreciavelmente.

Poder-se-ia argumentar que quem deveria começar a adotar leis desse tipo são os países industrializados. Sucede que eles não se prestam a reflorestamentos como o Brasil nem se beneficiariam do "mecanismo" acima referido. Quem tem a possibilidade de fazê-lo é o Brasil, que poderia assumir uma posição de liderança nessa área.

PROTEGER O HOMEM OU O MEIO AMBIENTE?*

O PROFESSOR MIGUEL REALE, EM INTERESSANTE ARtigo publicado neste jornal em 28 de fevereiro, lembra que o valor da vida humana, o direito à vida e à liberdade são exemplos, por excelência, de uma visão antropocêntrica que coloca "a pessoa humana como o valor – fonte de todos os valores".

É a visão clássica das religiões ocidentais e emana, a nosso ver, diretamente das *Escrituras*. Eis que seu artigo sofreu contestação sob o argumento de que o Artigo 170 (inciso vi) da Constituição de 1988 "revogou" essa visão e que, segundo nossa Lei Maior, "o homem não é mais o centro do Universo e todos os seres vivos não estão mais a seu serviço, prazer e desprazer". Esta é uma colocação curiosa! A Constituição de 1988 contém muitos artigos irrealistas, como o que fixou a taxa de juros reais em 12% (depois revogada), mas não chegou a tal extremo.

A Constituição de 1988 não "revoga" a visão antropocêntrica do mundo, arraigada nas raízes bíblicas judaico-cristãs, de que o homem foi criado à imagem e semelhança de Deus. Pelo contrário, o Artigo 225 inclui, na extensa declaração de direitos e deveres individuais e coletivos, o direito de todos

* 23/03/2004

ao meio ambiente ecologicamente equilibrado. Portanto, é o homem, o ser humano, não só como indivíduo, mas como humanidade, o sujeito do direito ao meio ambiente sadio, o que reafirma o conceito antropocêntrico.

O Artigo 170 (inciso VI) "não subordina o desenvolvimento econômico à proteção do meio ambiente", como argumentam alguns, mas apresenta uma série de condicionantes que a ordem econômica deve "observar", como os princípios da livre concorrência, da propriedade privada, do pleno emprego, da defesa do consumidor e da "defesa do meio ambiente".

Proteger o meio ambiente não significa impedir o desenvolvimento, e nem se defende um desenvolvimento predatório. O que se faz necessário é promovê-lo em harmonia com o meio ambiente, que é o que muitos de nós tentam fazer.

Daí a idéia de "desenvolvimento sustentável", que tomou corpo nas últimas décadas e norteia a ação dos órgãos públicos encarregados da defesa do meio ambiente no mundo todo. No caso do Brasil, são as resoluções do Conselho Nacional de Meio Ambiente (Conama) que estabelecem normas e padrões compatíveis com o meio ambiente ecologicamente equilibrado. Em São Paulo, o Conselho Estadual do Meio Ambiente (Consema) tem papel normativo recursal. Uma das tarefas cotidianas da Secretaria do Meio Ambiente é a condução do processo de licenciamento ambiental dos empreendimentos e atividades sujeitos ao licenciamento, e ela só o faz com observância dos critérios gerais fixados e quando a Capacidade-Suporte do Meio Ambiente o permite. É por isto que essa Secretaria tem centenas de técnicos e uma empresa de tecnologia e saneamento ambiental (Cetesb) com reconhecidos laboratórios, além da Polícia Ambiental, para fins de controle e fiscalização.

A Secretaria do Meio Ambiente de São Paulo e o Ibama – na área federal – trabalham sob estreita vigilância da coletividade, que tem participação assegurada no próprio processo de licenciamento.

Esta ação gera, naturalmente, conflitos freqüentes, próprios do Estado democrático, pois a realização de grandes obras é freqüentemente a aspiração de governantes, e algumas vezes criar empecilhos a essas obras pode servir a grupos politicamente motivados.

Erroneamente, algumas organizações não-governamentais julgam que os órgãos licenciadores como a Secretaria de Meio Ambiente têm uma relação incestuosa com o resto da administração pública, e que, portanto, devem ser vigiadas de perto, o que dá origem a questionamentos de qualidade técnica discutível e que não se deve encampar sem cuidado.

A impressão que se tem, lendo sobre tais casos nos jornais, é que os órgãos licenciadores não cumprem bem o seu papel, compatibilizando o desenvolvimento econômico. Essa impressão é incorreta, porque os órgãos licenciadores de meio ambiente em São Paulo são muito rigorosos. A legislação ambiental brasileira é moderna e suas exigências são comparáveis às dos países desenvolvidos, e mais restritivas que as de países em desenvolvimento, como Índia e China.

Daí a necessidade de preservar a isenção e credibilidade dos órgãos técnicos, de modo que seus laudos – que servem de base para o licenciamento – não sejam colocados sob suspeita, como não são questionados os laudos do Instituto Adolfo Lutz em questões de saúde ou os laudos do IPT (Instituto de Pesquisas Tecnológicas) na área de engenharia.

É compreensível que organizações não-governamentais ou até o Ministério Público questionem licenciamentos em nome de uma proteção sem limites ao meio ambiente sem se preocupar com as outras conseqüências deste questionamento, como a necessidade de desenvolvimento sustentável, que redunda na geração de empregos e na eliminação da pobreza. Mas esta é uma responsabilidade que não pode ser ignorada pelos órgãos de governo na defesa do interesse público.

AS RELIGIÕES
E O MEIO AMBIENTE*

Tudo o que vive e se move será alimento para vós.
Da mesma forma que lhes dei as plantas, agora dou-lhes tudo.

Gênesis (9:3)

E SSA PASSAGEM DA *BÍBLIA* TEM SIDO INTERPRETADA como uma visão antropocêntrica, profundamente antiambientalista, do judaico-cristianismo, contrastante com a visão budista e hinduísta do mundo, que ensina que os seres humanos devem viver em harmonia com a natureza.

Alguns cristãos têm tentado atenuar a frase do *Gênesis*, explicando que a intenção do Senhor sempre foi a de proteger a biodiversidade, como quando ordenou a Noé que levasse na Arca um casal de cada criatura viva, para que sobrevivessem ao dilúvio.

Esta podia ser uma questão secundária cinco ou dez mil anos atrás, quando a população mundial era de alguns milhões de habitantes, mas passou a ser uma questão central nos dias de hoje, em que existem sobre a Terra mais de seis bilhões de seres humanos. A ação do homem sobre a natureza atualmente é comparável, em força destrutiva, à das forças geológicas, como terremotos, erupções vulcânicas, inundações e tempestades, e estamos até provocando o aquecimento do planeta, com conseqüências imprevisíveis sobre a vida como a conhecemos. O uso e abuso

* 17/05/2005

da natureza pelo homem põe em risco, hoje, sua própria sobrevivência.

João Paulo ii, no seu longo pontificado, não fez da proteção do meio ambiente uma das suas bandeiras, apesar de ter se manifestado contrário às armas nucleares. Há especulações de que seu sucessor, Bento xvi, se interesse mais pela questão, como já está ocorrendo com os cristãos ortodoxos, cujo patriarca Bartholomeu é às vezes chamado de "patriarca verde", por ter caracterizado como "pecado" a degradação ambiental.

É difícil avaliar a influência que teriam posições mais claras e firmes do novo papa e como isso ajudaria na proteção da natureza, porque esta é uma área em que se chocam interesses os mais variados. O conflito desenvolvimento *versus* preservação do meio ambiente é particularmente sério em países em desenvolvimento, onde vivem cerca de 70% da população mundial. Neles, o desenvolvimento é a primeira das prioridades e é freqüentemente predatório, dando origem a lucros a curto prazo, mas que não são sustentáveis a longo prazo. São muitos os exemplos de civilizações inteiras que desapareceram ao explorar de forma predatória os recursos naturais: a civilização pré-asteca na península de Yucatán desapareceu quando a agricultura, na qual ela se baseava, se deteriorou. A ilha de Páscoa, com suas estátuas gigantescas, remanescentes de uma civilização próspera, caiu em completo declínio quando a sua cobertura vegetal foi totalmente eliminada. Algo semelhante está ocorrendo em partes da África, que sofrem um processo avançado de desertificação devido ao avanço da fronteira agrícola sobre as florestas, bem como ao corte indiscriminado de árvores para cocção de alimentos e aquecimento residencial. É pela mesma razão que boa parte do desmatamento da Amazônia, que se destina a criar pastos – de baixa produtividade – para pecuária, não é sustentável e deve ser evitada.

A legislação ambiental brasileira incorporou princípios gerais que conduzem o desenvolvimento na direção da sustentabilidade. Pôr essa legislação em prática cria freqüentemente conflitos sérios e que só aos poucos estão sendo solucionados na esfera administrativa ou judicial.

O sistema, que foi estabelecido nas décadas de 1970 e 1980, se originou da Secretaria Especial de Meio Ambiente (Sema), dirigida pelo professor Paulo Nogueira Neto, que deu origem ao Ministério do Meio Ambiente e às Secretarias do Meio Ambiente em diversos estados. O Ibama, que resultou da fusão de diversos órgãos já existentes, tornou-se o órgão que licencia empreendimentos e fiscaliza a execução das leis ambientais aprovadas pelo Congresso Nacional (como o Código Florestal) ou no Conselho Nacional do Meio Ambiente (Conama). Em São Paulo, vinculada à Secretaria do Meio Ambiente existe a Companhia Estadual de Tecnologia e Saneamento Ambiental (Cetesb), que licencia e fiscaliza empreendimentos industriais. Além disso, a Polícia Ambiental, com um efetivo de cerca de dois mil homens, fiscaliza os parques, as áreas de proteção ambiental e as áreas de cobertura florestal em geral. Este sistema conta, no total – incluindo o Instituto Florestal e outros –, com cerca de cinco mil pessoas dedicadas à proteção ambiental.

O simples fato de que a cobertura florestal do estado de São Paulo está aumentando, e a qualidade do ar, na Região

Metropolitana, melhorando, é uma indicação clara da eficiência desse sistema.

Um maior interesse do novo papa por essas questões poderia ter profundas implicações para o movimento ambientalista, porque existem mais de um bilhão de católicos no mundo. Por sua vez, os cristãos fundamentalistas são uma força política de primeira grandeza nos Estados Unidos, cujo presidente é acusado por muitos de favorecer o enfraquecimento das leis ambientais norte-americanas ao permitir a exploração de petróleo no Alasca, além de outras. A posição dos fundamentalistas cristãos, politicamente extremados, mas ainda assim cristãos, poderia reforçar muito o movimento ambientalista americano.

A ajuda de muitos setores é necessária para acelerar esse processo, que envolve governo, o setor produtivo e organizações não-governamentais. Cada um deles responde a certas visões e interesses, que vão desde o lucro até a defesa do meio ambiente, sobrepondo-se aos interesses do homem.

Por essa razão, ver a Igreja e, sobretudo, o papa, com sua liderança moral, se envolverem ativamente em questões ambientais seria altamente benéfico, e esperamos que Bento XVI exerça esse papel.

HIDRELÉTRICAS
E O MEIO AMBIENTE*

E XISTEM VÁRIAS ÁREAS DO ATUAL GOVERNO FEDERAL que são problemáticas em razão das visões irrealistas dos seus dirigentes, mas poucas oferecem riscos de gerar problemas futuros como a área energética.

Energia, em todo o mundo, não é somente essencial para as outras atividades da sociedade, tais como a agricultura, os transportes e a indústria, como também é o setor que mais contribui para a poluição ambiental em todos os níveis.

Durante todo o século XX o Brasil conseguiu criar um sistema energético limpo e eficiente graças à geração de eletricidade em usinas hidrelétricas, nas quais é ainda produzida a grande maioria da energia que usamos. Além do Brasil e da Noruega, poucos países do mundo conseguiram fazer isso; nos demais, o potencial hidrelétrico foi todo utilizado e o enorme crescimento da demanda exigiu a geração de energia em usinas térmicas movidas com carvão, óleo combustível ou gás natural, cujos impactos ambientais são maiores do que os impactos das hidrelétricas, além de a eletricidade produzida, em geral, ser mais cara. Energia nuclear poderia ser uma alternativa, mas ainda é cercada por muitas incertezas, inclusive ambientais.

* 21/02/2006

No início desta década houve, no país, uma crise no suprimento de eletricidade, provocando um racionamento que abalou a confiança da população e do governo na confiabilidade da hidrelétrica como fonte de energia. Esse problema, surgido em razão de uma prolongada estiagem que só ocorrera duas vezes nos últimos cem anos, foi enfrentado com sucesso por medidas de racionalização no uso de energia. A médio prazo, contudo, outra solução tem de ser encontrada, porque o país está crescendo e, com ele, a demanda de eletricidade. Novos investimentos em geração de energia eram e são essenciais para enfrentar os anos que virão e até, eventualmente, novas estiagens.

O atual governo desenvolveu um controvertido "novo modelo" para o setor energético, como se fosse necessário inventar a roda neste setor, ignorando e/ou dispensando a experiência técnica que se formou ao longo das últimas décadas. Esse modelo claramente não está funcionando, como mostram os últimos "leilões de energia", que têm sido amplamente discutidos na imprensa. Um dos resultados perversos desses leilões foi o de que a maioria da energia comercializada é de usinas térmicas, o que não só deve encarecer a energia, como vai agravar os problemas ambientais. Em outras palavras, o brilhante "novo modelo" do setor elétrico está levando o país a abandonar sua vocação natural, que é o uso de seu abundante potencial hídrico – que produz uma energia limpa e renovável –, em claro contraste com as alternativas que o "modelo" privilegiou.

Tanto o presidente da Eletrobrás como o ex-secretário executivo do Ministério de Minas e Energia e atual presidente da Empresa de Pesquisa Energética (EPE), este o principal responsável pela formulação do novo modelo, vêm agora a público culpar os órgãos ambientais pela situação, em termos que são inaceitáveis e exigiriam do governo federal medidas disciplinadoras.

Os órgãos estaduais e federais da área ambiental (principalmente o Instituto Brasileiro do Meio Ambiente e dos Recursos Naturais Renováveis – Ibama) obedecem a uma legislação complexa, que poderia ser simplificada e aperfeiçoada, mas que está em vigor. As autoridades do setor energético citadas acima parecem nem entender o que significa um relatório de impacto ambiental exigido pela legislação. Aprovar projetos de hidrelétricas mal concebidos, como ocorreu no passado em Balbina (AM), não tem sentido, nem econômico nem ambiental; portanto, impedir projetos como esses é um imperativo de defesa do interesse público, no que é vigilante o Ministério Público Federal.

O presidente da EPE, uma empresa estatal que deve obter a licença ambiental antes de licitar as usinas hidrelétricas (e outras), parece não se dar conta de que preparar projetos ambientais aceitáveis não é tarefa para burocratas do serviço público; requer, sim, a mobilização de amplas equipes de especialistas, e as exigências do Ibama e dos órgãos ambientais estaduais devem ser levadas a sério.

Este problema não ocorre apenas no Brasil: o debate sobre grandes hidrelétricas ocorre no mundo todo, e foi objeto dos trabalhos de uma Comissão Internacional de Barragens. A comissão foi criada pelo Banco Mundial e pela União Internacional para a Conservação da Natureza (que é uma organização não-governamental "guarda-chuva" de entidades ambientais). Ela se debruçou durante dois anos sobre os diversos problemas criados por hidrelétricas, como inundação de terras indígenas, deslocamento de populações tradicionais e compensações ambientais, e os comparou com os benefícios que elas trazem para a sociedade como um todo.

O resultado do estudo foi uma série de recomendações que – se adotadas – permitiriam avaliar melhor custos e benefícios, recomendando a construção de usinas em determinados locais (e não em outros).

A adoção dos critérios recomendados pela Comissão Internacional de Barragens tanto por empreendedores (públicos ou privados) como pelos órgãos ambientais permitiria resolver os conflitos atuais sobre a construção de usinas e retornar à tradição do país de ter uma matriz energética mais limpa, com eletricidade de origem hídrica e suplementação térmica a gás onde necessário.

PROGRESSO E
MEIO AMBIENTE*

S E HÁ ALGO QUE CARACTERIZA O SÉCULO XX – ALÉM DE duas guerras mundiais de proporções inéditas na história da humanidade –, é o fim dos impérios coloniais e o surgimento das nações "emergentes" com vibrantes economias, como a Coréia do Sul, Taiwan, China, Índia e até o Brasil em alguns períodos.

Economias vibrantes significam mais "progresso", empregos, melhores salários e as amenidades que o dinheiro pode comprar. Apesar de centenas de milhões de pessoas ao redor do mundo continuarem abaixo da linha de pobreza, outras centenas de milhões progrediram, sob muitos pontos de vista, no último século.

Esse progresso tem um custo ambiental, porque à medida que o consumo aumenta é preciso ampliar a área dedicada à agricultura, construir novas indústrias, estradas e outros meios de comunicação. É impossível ter isso tudo sem interferir no meio ambiente em que vivemos.

O melhor exemplo disso é a própria construção de cidades, que caracteriza a evolução da humanidade há mais de dez mil anos. Cidades não planejadas – que são a grande maioria – acabam por destruir toda a vegetação existente

* 18/04/2006

anteriormente, dando lugar a casas e ruas e poluindo os cursos d'água, que são usados como esgoto. Medidas corretivas podem atenuar esses problemas, mas é evidente que a própria existência de grandes cidades tem um enorme impacto ambiental, que às vezes se agrava de tal forma que põe em risco a própria saúde e o conforto dos que nelas vivem.

Há, contudo, ativistas ambientais ainda sonhando com um passado bucólico – que realmente nunca existiu – e se opõem freqüentemente a tais obras, usando argumentos de natureza fundamentalista, como os de manter a natureza intocada. Em alguns casos os custos de fazê-lo são astronômicos e tornam inviáveis soluções mais pragmáticas.

O denuncismo sistemático e a paixão com que esses ativistas abordam algumas dessas atividades caracterizaram o movimento ambientalista na década de 1970, sobretudo nos Estados Unidos, onde ele amadureceu ao longo dos anos e se tornou mais construtivo. O problema hoje, para eles, não é apenas denunciar, mas propor soluções.

Com algumas décadas de atraso, estamos passando pelo mesmo processo em São Paulo. Só para dar um exemplo, desde o início da década de 1990 o governo estadual se engajou em grandes obras destinadas a reduzir a poluição do rio Tietê e do canal do Pinheiros, por meio da captação de esgotos e do aprofundamento da calha do Tietê, que também evita os alagamentos freqüentes das Marginais, que infernizavam a população na época das chuvas. A ação de alguns grupos mal informados, sem nenhuma argumentação técnica consistente – e provavelmente mal-intencionados –, atrasou o licenciamento ambiental dessas obras por mais de um ano. Um dos argumentos usados contra as obras era o de que o material retirado da calha do Tietê era tóxico. Se isso fosse verdade, todo o Planalto Paulista seria inabitável, porque os índices de alumínio, ferro e manganês encontrados no leito do rio são os mesmos das nascentes do Tietê e de toda a região metropolitana.

O trecho sul do Rodoanel é outra grande obra que o governo do Estado tenta iniciar há cinco anos e que foi finalmente aprovado pela Secretaria do Meio Ambiente, mas após inúmeras audiências públicas e acordos judiciais com o Ministério Público Estadual e Federal. Não há a menor dúvida de que o projeto aprovado é melhor do que o apresentado inicialmente pela Desenvolvimento Rodoviário s. A. (Dersa), mas há poucas dúvidas de que o seu licenciamento poderia ter ocorrido em muito menos tempo, caso tivesse havido mais racionalidade na discussão das vantagens evidentes que o Rodoanel trará à população da cidade de São Paulo.

Só para dar um exemplo, tem sido argumentado que a ocupação desordenada da área de mananciais está destruindo os reservatórios de Guarapiranga e Billings, e que o trecho sul do Rodoanel vai agravar essa situação. É claro que a ocupação indevida da área dos mananciais é indesejável, mas, apesar disso, a Billings só perdeu 3,3% do seu volume nos últimos dezoito anos, e a Guarapiranga 3,9%, no mesmo período, isso no pico da expansão urbana naquela área, que já diminuiu muito. No caso da região dos mananciais, onde vivem cerca de um milhão de pessoas, é irrealista retirá-las de lá, e o que se impõe é a regularização do uso do solo, no que a Lei da Bacia do Guarapiranga, recentemente aprovada, vai ajudar.

É claro que a construção do Rodoanel vai ter impactos ambientais. Esses custos ambientais têm de ser comparados com os custos que estamos pagando por não fazer a obra, em termos de saúde da população, perda de horas de trabalho de milhões de pessoas e outras perdas devidas a congestionamentos. Além disso, tais impactos serão compensados, a um alto custo, pelos empreendedores, com a criação de novas áreas protegidas, parques e benefícios às populações indígenas afetadas.

As preocupações com o meio ambiente, praticamente inexistentes há cinquenta anos, fazem hoje parte integrante do processo de desenvolvimento e do que se entende por "progresso". Países que não têm adotado esta estratégia estão pagando caro por não tê-lo feito no passado, porque corrigir a degradação ambiental custa sempre mais caro do que preveni-la. Esse tipo de argumento foi expresso pelo próprio presidente do Banco Mundial, Paul Wolfowitz, em recente visita a São Paulo, quando declarou que a China vai pagar caro por não conseguir compatibilizar a proteção ao meio ambiente e seu rápido crescimento econômico.

Ao que tudo indica, o estado de São Paulo está conseguindo.

OS AMBIENTALISTAS
E A ENERGIA NUCLEAR*

E STÃO SE TORNANDO CADA VEZ MAIS FREQÜENTES AS "conversões" de ativistas antinucleares a entusiastas da produção de energia nuclear. O último desses "convertidos" é Patrick Moore, descrito pelo *Washington Post* como "co-fundador" do Greenpeace no início dos anos de 1970 e hoje diretor e cientista-chefe de uma instituição chamada Green-spirit Strategies Ltd., cujas páginas na Internet mostram claramente que se trata de mais um escritório de consul-toria e *lobby* para empresas de energia nuclear (além das de mineração, de extração de madeira e de biotecnologia). Ele escreveu recentemente um artigo para o jornal *O Estado de S.Paulo* tentando demolir os argumentos contra a energia nuclear que o Greenpeace usou com tanta freqüência nos últimos trinta anos. Esses argumentos são os seguintes: energia nuclear é cara; as usinas nucleares não são segu-ras; o lixo nuclear é perigoso por milhares de anos; reato-res nucleares são potenciais alvos de ataques terroristas e o combustível nuclear pode ser desviado para a fabricação de armas nucleares.

Em apoio à sua nova posição, Patrick Moore invoca o ambientalista James Lovelock, que acredita que a energia

* 16/05/2006

nuclear é a "única maneira de evitar uma catástrofe climática". As manifestações de Lovelock, favoráveis à energia nuclear, têm sido criticadas severamente porque simplesmente não é verdade que usinas nucleares, substituindo usinas geradoras de energia elétrica a partir do carvão, não impliquem emissões de carbono. Isso só ocorre quando a usina nuclear produz a eletricidade. Contudo, não se pode esquecer as etapas de mineração do urânio, de preparação e enriquecimento do combustível nuclear a partir do minério de urânio e de desmontagem futura da usina quando ela concluir sua vida útil. Nessas etapas, grandes quantidades de combustível fóssil são necessárias, gerando consideráveis emissões de gases de efeito estufa.

É claro que as pessoas podem mudar de opinião, mas o que é inquietante nessas "conversões" é que elas enfraquecem o movimento ambientalista como um todo, mesmo no que ele tem de salutar. Os "convertidos" reforçam a opinião de que muitos dos ativistas de organizações não-governamentais (ONGs, como o Greenpeace, por exemplo) eram uns desinformados (ou "motivados politicamente") e que, por conseguinte, outras das suas "bandeiras" também são frutos de desinformação: a proteção às baleias, a oposição à construção de certas hidrelétricas em regiões ecologicamente sensíveis, a questão dos transgênicos, dentre outras. Assim, tais "convertidos" abalam a crença nos ideais e na competência dos ambientalistas que se opuseram até agora a projetos e programas problemáticos.

A energia nuclear se tornou popular na década de 1970, quando era vista como uma resposta às crises do petróleo; entretanto, essa popularidade desapareceu devido à escalada de custos e preocupações com a segurança nuclear, abalada pelos acidentes de Three Mile Island, em 1979, e de Chernobil, em 1986. Desde então, não foi iniciada a construção de nenhum novo reator nuclear nos Estados Unidos, e vários países da Europa decidiram desativar os que possuíam ao atingir o fim de sua vida útil.

Argumentar que o acidente de Chernobil só poderia acontecer na União Soviética é zombar dos que se preocupam com acidentes, de trens e aviões. Inúmeros pequenos acidentes nucleares – felizmente de pequena monta – ocorreram, desde então, no Japão e em outros países. A probabilidade de ocorrência de outros acidentes cresce consideravelmente com a proliferação do chamado "uso pacífico" da energia nuclear em países como o Irã e a Coréia do Norte.

Tecnologias modernas e complexas são vulneráveis a acidentes, e o problema é minimizar suas conseqüências. Por essa razão, afirmar que lixo radioativo é um problema facilmente solúvel (como argumenta Moore) é algo irresponsável. Lixo radioativo é ainda um problema insolúvel, e mesmo o único depósito definitivo em construção nos Estados Unidos não entrou em operação.

Quanto a ataques terroristas a reatores nucleares, os argumentos usados pelo Greenpeace no passado sempre foram pouco convincentes. Lançar um avião contra as paredes de um reator nuclear nunca foi a melhor maneira de destruí-lo: o que provocou o acidente em Chernobil foi a imperícia dos operadores. Terroristas mais sofisticados usariam outros métodos em lugar de aviões.

Finalmente, o fato de que combustível nuclear pode ser usado para a fabricação de armas nucleares não é nenhum produto da imaginação, mas um problema real. O esforço de alguns países desenvolvidos em provocar uma "renascença" dessa forma de energia está aumentando as preocupações com a proliferação nuclear por todo o mundo, como mostram claramente os questionamentos da Agência Internacional de Energia Atômica com relação aos desenvolvimentos do Irã nessa área.

Com as devidas medidas de segurança e a adequada alocação de riscos e custos, a energia nuclear pode ser mais uma das opções na busca de soluções para os problemas energéticos mundiais, e não pode ser nem santificada e nem satanizada. No entanto, seu papel tem de ser avaliado de maneira responsável, prestando-se bastante atenção na atuação dos "novos convertidos", como Moore e Lovelock.

OS LIMITES
DO PLANETA TERRA*

O EXPLOSIVO AUMENTO DA POPULAÇÃO MUNDIAL E O seu crescente nível de consumo estão levando a humanidade a testar a capacidade de suporte do nosso planeta. No reino animal, o tamanho da população é determinado pela disponibilidade de alimentos, o que evita automaticamente a superpopulação. Por sua vez, o *Homo sapiens* tem a seu favor o desenvolvimento tecnológico, de que os animais não dispõem, e até agora – após mais de cinco mil anos de civilização – conseguiu vencer os desafios da exaustão de recursos naturais, doenças e da deterioração do meio ambiente.

Existem, contudo, civilizações que não conseguiram fazê-lo – como a da Ilha da Páscoa e algumas da Península de Yucatán – e desapareceram por causa da exaustão dos recursos naturais.

O exemplo mais marcante de sucesso na superação dos limites da capacidade de suporte da Terra foi a demonstração de que as previsões de Malthus, no século XIX, não se realizaram. O argumento de Malthus era de que o crescimento populacional não era acompanhado pelo crescimento da área agrícola e da produção de alimentos, o que levaria a uma crise de conseqüências imprevisíveis. A tecnologia

* 18/07/2006

agrícola na Europa nos dias de hoje elevou de tal forma a produtividade que a área destinada a essas atividades se está reduzindo gradativamente.

Crises anunciadas no início do século XX, de que haveria também uma exaustão de muitos recursos minerais, como o cobre, não se materializaram, porque novos materiais – já existentes ou produzidos artificialmente – os substituíram.

Um dos grandes desafios dos dias de hoje é a exaustão dos recursos hídricos, e já é notória a falta de água em algumas regiões do globo, sobretudo na África. Apesar de ser um problema gravíssimo, ele tem caráter local; mas o que estamos fazendo com a atmosfera – literalmente "envenenando-a" – tem um caráter global mais amplo.

O uso de combustíveis fósseis (carvão, petróleo e gás), no qual se baseou o desenvolvimento econômico do século XX, está lançando na atmosfera enormes quantidades de dióxido de carbono, alterando sua composição e provocando o aquecimento do globo terrestre, que já está levando a sérios problemas climáticos. Alguns dos efeitos desses problemas, como o derretimento das calotas polares ou o aumento do nível do mar, já são visíveis.

A gravidade do problema levou, em 1992, à adoção de uma Convenção do Clima, pela qual todos os países participantes se comprometeram a reduzir suas emissões. Houve, porém, na convenção, a qualificação de que nessa tarefa os países teriam "responsabilidades comuns, mas diferenciadas", distinguindo, assim, os principais emissores – que são os países industrializados – dos países em desenvolvimento, que só recentemente começaram a contribuir significativamente para as emissões.

No fundo, a divisão de responsabilidades vem sendo utilizada como uma desculpa para a inação e tem dado origem a recriminações mútuas, nas quais o combate ao aquecimento global acabou se tornando mais um elemento no confronto Norte-Sul.

Foi assim que surgiu a reivindicação da transferência gratuita de tecnologia dos governos dos países do Norte para os do Sul como forma de compensação. Esta reivindicação é puramente retórica. Governos dos países que são os principais emissores há mais de um século não são proprietários de tecnologia, mas sim as empresas que a comercializam. Além disso, vincular ações para reduzir as emissões de gases que provocam o efeito estufa – que é um problema global que vai afetar todos os países, tanto ricos como pobres – à solução de outros problemas globais é uma estratégia em que todos perdem. É certo que a maioria dos países do Sul foi colônia de países do Norte durante séculos e não se desenvolveu, não tendo, portanto, acesso a tecnologias mais avançadas, mas procurar compensações para tal situação na Convenção do Clima é irrealista.

Essa convenção foi seguida pelo Protocolo de Quioto, que estabeleceu metas e um calendário para a redução das emissões dos países industrializados. Os países em desenvolvimento foram isentos dessas metas, mas a sua adoção – e um calendário para cumpri-las, como fez recentemente a União Européia – ajudaria muito, porque orientaria o setor privado a criar um mercado no qual investidores poderiam investir com confiança. Existem círculos, tanto no Brasil como na Índia e na China, que consideram a adoção de metas uma imposição dos países industrializados para impedir o seu desenvolvimento, e que deve ser rejeitada como parte de uma conspiração. Esta é uma visão incorreta, uma vez que estabelecer metas (e tentar cumpri-las) é o que fazem o tempo todo o governo e o setor privado. Aliás, o Brasil fez isso há décadas, quando decidiu que uma porcentagem fixa da gasolina seria substituída por álcool de cana-de-açúcar.

Outro exemplo é o que a Califórnia está fazendo, conseguindo reduzir a emissão de gases de efeito estufa, que agora é 50% menor do que nos Estados Unidos como um todo. Nem por isso o estado da Califórnia deixou de ser um dos mais ricos daquele país.

É evidente, portanto, que apenas um esforço redobrado poderá reverter o atual processo de "envenenamento" da atmosfera, o que significará estender e reforçar o Protocolo de Quioto além do ano de 2012. Nesse novo período, todos os países industrializados e os países em desenvolvimento terão de participar – aceitando metas compulsórias ou voluntárias –, e há muitas medidas que podem ser tomadas sem implicar custos muito elevados e sem impedir o seu crescimento econômico e o seu desenvolvimento. Não há nenhuma razão para postergar ações sérias nesse sentido.

LICENCIAMENTO AMBIENTAL
EM SÃO PAULO*

PROBLEMAS AMBIENTAIS E COMO ENFRENTÁ-LOS NÃO têm ocupado um lugar muito expressivo na atual campanha presidencial. A explicação que se dá para este fato é que existem problemas mais imediatos a discutir, como segurança, saúde, educação, saneamento básico e, acima de tudo, corrupção, ao passo que problemas ambientais como a qualidade do ar, da água e o desmatamento parecem mais distantes e interessam apenas a uma parte mais esclarecida da população.

Existem, de fato, países onde a legislação ambiental é praticamente inexistente, como a Índia e a China, e a necessidade de crescimento econômico rápido relegou a segundo plano a proteção do meio ambiente. Mas essa percepção está mudando na China, que está, agora, pagando um elevadíssimo preço para corrigir os danos ambientais causados nos últimos cinqüenta anos.

A situação no Brasil é, contudo, diferente, porque um dos legados positivos que o regime militar nos deixou foi uma legislação ambiental moderna e atualizada. Graças a ela, e a governos progressistas como o do governador Franco Montoro, Cubatão foi saneada e as chaminés que cobriam de fumaça

* 19/09/2006

vários bairros de São Paulo desapareceram. Embora existente, a legislação federal não é aplicada com muito rigor em alguns estados. Além disso, a eficiência do órgão federal de fiscalização, o Ibama, deixa muito a desejar. Este não é o caso de São Paulo, onde a legislação federal foi complementada por uma legislação estadual e os órgãos licenciadores e fiscalizadores são razoavelmente equipados.

O licenciamento das atividades produtivas contempla desde a construção de uma fábrica, plantações de cana, destilarias de álcool, aterros sanitários até a abertura de estradas. Tais atividades são analisadas pela Cetesb e pela Secretaria do Meio Ambiente, o que tem garantido uma qualidade ambiental melhor para o estado.

Há queixas sobre a morosidade do processo, mas um enorme esforço foi feito no atual governo para simplificar o licenciamento e reduzir os prazos de análise, o que muitas vezes não é reconhecido por empreendedores que, provavelmente, prefeririam não se submeter a licenciamento algum. Dentre outros, um dos fatores que ainda podem ser melhorados é a redução dos prazos legais para convocação de audiências públicas, que, embora contribuam para a transparência do processo de licenciamento, o tornam demorado.

Existe um conflito claro entre interesses específicos e comerciais e os interesses maiores da população, que são difusos. É função do Estado atuar para garanti-los, e o Ministério Público vigia essa atuação. Tal vigilância, contudo, tem sido freqüentemente exagerada por grupos interessados que, por meio de liminares, promovem a "judicialização" do processo de licenciamento, contra a qual os órgãos licenciadores pouco podem fazer. Só para dar um exemplo, a limpeza do canal do rio Pinheiros, utilizando o processo de flotação, até hoje não saiu do papel, em razão de liminares concedidas pela Justiça.

Outro exemplo desse conflito é o que ocorre com a permissão para o corte manual de cana na região canavieira do estado. A queima prévia da cana-de-açúcar é condição necessária para que seja realizado o corte manual, porém esta prática é uma importante fonte de poluição no interior paulista e causa de problemas de saúde e inconvenientes para a população. A rigor, o corte da cana deveria ser mecanizado e a Assembléia Legislativa aprovou uma lei para introduzir gradativamente esse procedimento no estado. O cronograma, contudo, não é muito rápido, e só em 2012 se tornará mais eficaz. Até então cabe à Secretaria do Meio Ambiente autorizar a queima quando as condições atmosféricas assim permitirem, o que tem sido feito, apesar da insurgência de alguns usineiros.

A exigência do Código Florestal de manter uma reserva legal de 20% nas propriedades agrícolas é mais um ponto polêmico. Alguns argumentam que esse índice é arbitrário, não tem base científica, e adotá-lo prejudica seriamente as atividades produtivas. Há outros, porém, que argumentam que 20% é pouco e que a preservação ambiental só seria obtida com uma reserva legal mais ampla, como é na Amazônia Legal, cujo índice é muito maior e onde, apesar disso, o desmatamento continua, sobretudo em alguns estados.

Esse desmatamento em grande escala vai acabar por produzir mudanças do clima no Sudeste e no Nordeste, que se tornará ainda mais seco.

Finalmente, existe o exemplo do licenciamento do Rodoanel, que hoje todos os candidatos ao governo estadual reconhecem não só como necessário, mas urgente. Esse empreendimento foi licenciado pela Secretaria do Meio Ambiente após três anos de trabalhos, mas só depois de removidos inúmeros obstáculos criados por alguns grupos – os quais levaram a ações do Ministério Público Federal – e de vencer uma colaboração problemática do Ibama, além da ausência do governo federal no financiamento da obra.

No plano federal, são notórias as dificuldades que o Ministério de Minas e Energia encontra em licenciar no Ibama usinas hidrelétricas na Amazônia e muitas obras da Petrobrás. O governo federal fez muito pouco para resolver esses problemas, que dependem menos de mudança da legislação ambiental do que de melhora no desempenho dos órgãos ambientais federais.

É por estas razões que os temas ambientais deveriam ser mais discutidos na campanha eleitoral. O abrandamento das exigências ambientais proposto por alguns setores seria um sério retrocesso. O que pode ser feito é aperfeiçoar a legislação existente, mas sem perder de vista que o problema urgente é melhorar a eficiência dos órgãos licenciadores, o que foi feito em São Paulo.

AMBIENTALISTAS AMEAÇAM O DESENVOLVIMENTO?*

ESTÁ-SE TORNANDO POPULAR NA ÁREA FEDERAL RESponsabilizar a legislação ambiental pelo atraso de inúmeras obras de infra-estrutura, o que impediria o crescimento econômico do país. Esta visão dos problemas não tem base na realidade. Se a legislação ambiental impede a economia do país de crescer a uma taxa superior a 3%, como se explica que não tenha impedido o estado de São Paulo de crescer mais de 6% ao ano nos últimos anos?

Discussão semelhante ocorreu nos Estados Unidos cerca de trinta anos atrás, quando o congresso norte-americano aprovou a legislação sobre o "ar limpo", que impunha um controle severo das emissões de poluentes pelas indústrias. O argumento usado era o de que os gastos necessários para a redução das emissões de poluentes poderiam ser mais bem utilizados, produzindo mais, e que as restrições ambientais acabariam arruinando aquele país. Isso não só não aconteceu como a melhoria da qualidade do ar e da água tornou os EUA mais prósperos.

Os danos causados pela industrialização ocorrida durante o século XX, baseada no uso de combustíveis fósseis, são reais, mas o que aprendemos nas últimas décadas é que

* 19/12/2006

eles podem ser evitados ou reduzidos consideravelmente. Isso é o que fazem os órgãos de proteção ambiental do mundo todo, e também aqui, no Brasil.

O problema é que freqüentemente não é fácil analisar o que são danos significativos e como reduzi-los ou evitá-los. O que a experiência mostra é que existem extremistas de dois tipos envolvidos nessas questões:

- Os que tentam promover empreendimentos indiscriminadamente e aos menores custos. Danos ambientais são conseqüência inevitável, já que o crescimento econômico e o desenvolvimento são considerados prioridades absolutas. Esta era a situação no Brasil em meados do século passado e ainda é a situação vigente na China.
- Os ambientalistas extremados, para os quais qualquer agressão ao meio ambiente, mesmo que pequena, deve ser evitada. Vivem eles longe da realidade, não admitindo, por exemplo, que o combate à pobreza exige energia, que tem de ser gerada de alguma forma. Nesse processo, alguns grupos sociais podem ser atingidos e pode haver também degradação ambiental, mas é preciso comparar os benefícios que a energia pode trazer a grandes populações nas cidades com os custos sociais e ambientais que decorrem da sua geração.

Encontrar um meio-termo aceitável entre dois extremos é a tarefa de órgãos ambientais competentes que decidam sem paixões.

O governo federal tem falhado muito a esse respeito; o Ibama é mal aparelhado, altamente politizado e tem greves freqüentes. Além disso, muitos empreendedores não entenderam ainda que é necessário preparar melhores projetos, que avaliem adequadamente os impactos e proponham medidas para minimizá-los. Essa combinação de problemas abre caminho para a ação do Ministério Público e para o uso de manobras jurídicas por parte de grupos interessados que, às vezes, criam obstáculos à aprovação de projetos, por mais necessários que sejam.

O presidente da República, que hoje se queixa de que o licenciamento ambiental está travando o desenvolvimento, teve quatro anos para melhorar o desempenho do Ibama, e não o fez.

Só para dar um exemplo, o licenciamento de usinas hidrelétricas no rio Madeira e em outros rios da Amazônia encontra objeções que parecem exageradas a muitos especialistas que têm experiência real nesse assunto.

Em outros casos, ambientalistas como o biólogo John Lovelock – criador da exótica e controvertida "hipótese Gaia", que compara o globo terrestre a um enorme sistema com o comportamento de seres vivos – se convertem em defensores da energia nuclear por considerá-la uma opção melhor do que o uso de combustíveis fósseis para gerar eletricidade. Sucede que ambos os processos geram sérios problemas ambientais e de segurança. Lovelock apaixonou-se pela opção nuclear possivelmente sem compreender os problemas técnicos e políticos decorrentes dela. Curiosamente, o mesmo Lovelock se opõe ao uso de energia dos ventos, porque perturbaria as paisagens da região rural idílica em que vive, na Inglaterra. Hoje a energia dos ventos supre 20% de toda a energia elétrica usada na Dinamarca.

O que esses exemplos mostram é que o movimento ambientalista, de modo geral bem-intencionado, sofre às vezes de falta de preparo técnico e de uma compreensão real do processo de desenvolvimento que o mundo atravessa desde o início da era industrial. Combater o processo – que é, às vezes, predatório, como a própria criação de cidades – os coloca na posição de Dom Quixote combatendo os moinhos de vento.

Por outro lado, o que outros países aprenderam, e nós estamos aprendendo também, é que o desenvolvimento não é incompatível com a preservação do meio ambiente, e que voltar a uma sociedade rural, idílica, em que não se perturbava a natureza, como nos pintam alguns, tem forte componente de saudosismo de um tipo de vida que nunca existiu, exceto talvez para uns poucos aristocratas.

Conciliar o desenvolvimento com a preservação ambiental é possível, desde que os ambientalistas sejam ponderados e que os empreendedores entendam que os dias de intervenções brutas na natureza em nome do progresso não existem mais. Cabe ao Estado garantir que isso aconteça.

CLIMA –
UMA NOVA OPORTUNIDADE?*

O PRESIDENTE GEORGE W. BUSH CONVIDOU, RECEN-temente, representantes das principais economias do mundo para uma conferência sobre mudanças climáticas em Washington, nos próximos dias 27 e 28 de setembro. Além dos membros do G-8 (os grandes países industrializados, como Inglaterra, França, Alemanha e Rússia), foram convidados os cinco países emergentes mais importantes (China, Índia, Brasil, África do Sul e México), que são também, entre os países em desenvolvimento, os maiores emissores dos gases responsáveis pelas mudanças climáticas.

Essa conferência, organizada pelos Estados Unidos, precede a conferência dos mais de 180 países que fazem parte da Convenção do Clima e que se reunirá este ano em Bali, na Indonésia, em dezembro. Pouco se espera dela, como já ocorreu nas reuniões anteriores, em Nairóbi (Quênia) e Montreal (Canadá). A perda de substância dessas conferências é evidente pelo nível cada vez mais baixo dos representantes dos países, que, no máximo, incluem o ministro do Meio Ambiente, mas que em geral são funcionários de escalão mais baixo.

* 20/08/2007

O Brasil, em particular, tem desperdiçado muitas oportunidades e o papel de liderança que desempenhou na Conferência do Rio, em 1992, na Conferência de Quioto, em 1997, ou na Conferência de Johannesburgo, em 2002, é coisa do passado. Desde então, os representantes brasileiros limitam-se a repetir os velhos chavões terceiro-mundistas de que os responsáveis pelas mudanças climáticas são os países ricos, que estão poluindo há muito tempo, e que cabe a eles resolver o problema. Mais ainda, que agora que as economias dos países em desenvolvimento estão crescendo, impor limites às suas emissões vai prejudicar o seu desenvolvimento.

Tais posições são totalmente equivocadas e refletem posições ideológicas que não estão ajudando em nada. O fato de os Estados Unidos serem grandes poluidores não justifica que sejamos tolerantes com o outro grande poluidor que é a China. No fundo, estamos todos num barco que está afundando, e o fato de os Estados Unidos terem feito um grande buraco no casco do navio não justifica que outros países também o façam, como é o caso da China e também o do Brasil, que é o quinto emissor mundial devido ao desmatamento da Amazônia.

A verdade é que o crescimento da economia pode ser feito com menos poluição do que ocorreu no passado nos países industrializados, porque a tecnologia evoluiu, e nas economias mais atrasadas, como a da China, é mais fácil reduzir as emissões do que em economias otimizadas, como o Japão. Só para dar um exemplo: qual é o sentido que faz instalar usinas elétricas que queimam carvão, na China, com eficiência muito menor do que as usinas japonesas, que produzem a mesma quantidade de eletricidade queimando menos carvão? Qual é o sentido de queimar quinze mil quilômetros quadrados de floresta amazônica por ano, para criar gado, o que lança na atmosfera mais gases que provocam o aquecimento global do que toda a Inglaterra?

É possível resolver esses problemas, de interesse de toda a população mundial – e, evidentemente, da população brasileira –, com um pouco mais de racionalidade.

Para isso é preciso envolver não só os ecologistas, mas também as autoridades econômicas e de planejamento. Cada hectare de floresta amazônica que é queimado lança na atmosfera cerca de cem toneladas de carbono. Evitar que isso aconteça contribuiria para reduzir as mudanças climáticas e impediria que a Amazônia se transformasse, em algumas décadas, num "cerradão", o que tornaria o Nordeste ainda mais seco do que é.

Evitar o desmatamento da Amazônia poderia, aliás, gerar recursos de bilhões de dólares, que poderiam ser usados para promover um tipo de desenvolvimento menos predatório do que o atual, e isso só não aconteceu até agora por causa da miopia dos negociadores brasileiros na Conferência de Montreal.

Há ainda um outro problema urgente a resolver: a demora em decidir sobre o que acontecerá depois do período de validade do Protocolo de Quioto (após 2012) está comprometendo o futuro do Mecanismo de Desenvolvimento Limpo (MDL), que permite a transferência para os países em desenvolvimento de recursos correspondentes a um bilhão de toneladas de CO_2 – até 2012, o valor aproximado dessa transferência é de US$ 10 bilhões.

A conferência proposta pelos Estados Unidos para o fim de setembro abre uma nova oportunidade para discutir esses temas numa atmosfera menos ideológica do que nas conferências anuais da Convenção do Clima. O presidente Bush está sofrendo uma forte pressão interna para aderir ao Protocolo de Quioto (ou outro instrumento legal equivalente), porque dezesseis estados americanos já decidiram reduzir suas emissões e no senado dos Estados Unidos já se forma uma maioria capaz de mudar a política do país nessa área. Essencial para a mudança é um acordo mais amplo que inclua a China, a Índia, o Brasil e outros grandes emissores.

O Brasil não deveria perder essa oportunidade de se engajar em negociações de alto nível com o governo americano (e com as outras grandes economias mundiais) para a adoção de medidas que reduzam efetivamente as emissões de gases que provocam mudanças climáticas.

Para a conferência de Washington, em setembro, deveria ser enviada uma delegação brasileira de alto nível, com ministros de Estado e até governadores, como o do estado do Amazonas, que, entre os demais dessa região do Brasil, tem revelado uma visão mais clara e pragmática do que outros sobre como proteger a Amazônia, gerando recursos que promovam o desenvolvimento.

CLIMA –
A CONFERÊNCIA DE BALI*

A TRIBUI-SE A STÁLIN A DECLARAÇÃO DE QUE CONFLITOS não se resolvem em conferências internacionais, mas nos campos de batalha. Com sua usual frieza e notória brutalidade, Stálin capturou bem o que se passou no passado em inúmeros conclaves. O mesmo parece estar ocorrendo hoje com as conferências internacionais sobre mudanças climáticas.

O campo de batalha são as atividades dos milhares de cientistas congregados no Painel Internacional de Mudanças Climáticas (IPCC), a ação de organizações não-governamentais e a corajosa atitude assumida por vários estadistas e até por governadores de estados americanos, como o da Califórnia.

Nos campos de batalha estão vencendo os cientistas que esclareceram quais são as causas do aumento da temperatura da Terra e das mudanças climáticas decorrentes. Nas conferências internacionais estão vencendo, até agora, os governos dos Estados Unidos, da Austrália e até da China, entre outros, que resistem a adotar medidas sérias para reduzir as emissões dos gases que provocam o aquecimento da Terra – principalmente o dióxido de carbono originado

* 15/10/2007

na queima de combustíveis fósseis. Se o fazem por ignorância, imobilismo ou influenciados pelos fortes interesses dos setores de petróleo, gás e carvão, é difícil dizer, mas o fato é que têm resistido a reduzir essas emissões com o argumento surrado de que diminuir o consumo de combustíveis fósseis comprometeria o seu crescimento econômico e o seu desenvolvimento.

A verdade é que o desenvolvimento pode ser alcançado adotando as melhores tecnologias existentes, evitando, assim, repetir a trajetória seguida no passado pelos países industrializados, que levou à crise atual na área ambiental, principalmente o aquecimento da Terra.

Países em desenvolvimento podem "saltar na frente", beneficiando-se dos avanços tecnológicos realizados no mundo todo. Um bom exemplo é o que ocorreu com os telefones celulares, que foram adotados em massa no Brasil, em Bangladesh e em muitos países africanos que nem têm uma rede de telefones fixos, a qual exige grandes investimentos em infra-estrutura. Outro é o uso do álcool da cana-de-açúcar como substituto da gasolina, em que o Brasil está na liderança mundial. O etanol substitui com vantagem a gasolina, tanto do ponto de vista ambiental como econômico.

E o crescimento não precisa ser obtido com tecnologias ineficientes, como ainda está ocorrendo na China, onde a expansão da produção de eletricidade, com o uso do carvão, está sendo feita com usinas de baixa eficiência. Ações na área de tecnologia poderiam reduzir as emissões desse setor em 20% ou 30%.

O mesmo se dá com o Brasil, que com um pouco mais de esforço para reduzir o desmatamento na Amazônia – que é irracional a longo prazo, sob qualquer ponto de vista – daria um exemplo ao mundo e poderia cumprir quaisquer metas de redução de emissões, o que embaraçaria tanto os Estados Unidos como a China, que não aceitam nem metas nem calendários para reduzir as deles.

A posição, quase ideológica, do Itamaraty de se opor à adoção de metas para reduzir as emissões brasileiras não se justifica, porque a adoção de metas é o que o governo faz o tempo todo, como qualquer administrador sabe muito bem.

Na recente conferência em Washington, para a qual foram convidados os quinze maiores emissores dos gases do efeito estufa, o presidente George W. Bush apelou aos países para que "voluntariamente" reduzam as suas emissões. Isso já foi tentado desde 1992, quando a Convenção do Clima foi adotada no Rio de Janeiro, com resultados muito decepcionantes, uma vez que as emissões de quase todos os países (inclusive dos Estados Unidos) continuaram a crescer. O presidente americano repetiu basicamente a sua posição de que novas tecnologias resolveriam o problema sem a adoção de metas e confiando nas forças do mercado.

A ênfase dada às novas tecnologias talvez esconda até interesses comerciais de vendê-las aos países em desenvolvimento, quando é notório que já existem tecnologias suficientes para promover reduções consideráveis de emissões, como está fazendo o estado da Califórnia, nos próprios Estados Unidos, bem como muitos países da Europa.

Curiosamente, o ex-presidente do Chile Ricardo Lagos, que é agora um dos representantes especiais do secretário-geral das Nações Unidas nas negociações do clima, declarou em entrevista recente que detectava uma mudança sutil na política do Itamaraty em relação à aceitação de "metas e calendários" para a redução de emissões pelo Brasil, uma vez que o presidente Luiz Inácio Lula da Silva se refere freqüentemente a reduções quantitativas no desmatamento da Amazônia. Isso até agora, contudo, não se verificou, e para o Brasil, portanto, a conferência de Washington foi uma oportunidade perdida.

A proposta do presidente dos Estados Unidos não traz nada de novo e Bush foi ironizado até pelo representante da Inglaterra, que comparou tal proposta à substituição de limites de velocidade obrigatórios nas estradas – que são objeto de multas e outras penalidades caso não sejam obedecidos – por "limites voluntários"...

Na prática, ao se recusar a aceitar metas para redução de emissões, o Brasil está apoiando a posição da China e dos Estados Unidos, que, juntos, são responsáveis por quase 50% das emissões. Essa posição não atende, a nosso ver, aos interesses do Brasil, e precisaria mudar. Uma nova oportunidade de revê-la está na conferência dos países membros da Convenção do Clima que se realizará em Bali, na Indonésia, em dezembro.

III.

ENERGIA

O FIM DA ERA
DO PETRÓLEO*

FALAR NO FIM DA ERA DO PETRÓLEO PODE PARECER paradoxal nos nossos dias, quando o preço desse combustível baixa todos os dias, refletindo sua abundância no mundo. É bem verdade que, há 25 anos, a era do petróleo parecia ter chegado ao fim, quando a Organização dos Países Exportadores de Petróleo (Opep), dominada pelos cinco países do Oriente Médio, conquistou um terço do mercado mundial e conseguiu, primeiro, dobrar seu preço e, poucos anos depois, quadruplicá-lo. Essa foi, porém, uma grande manobra emocional e política que teve sucesso resultante da guerra entre Israel e seus vizinhos, em 1973, e da queda do xá do Irã, em 1979. Não correspondia realmente a uma exaustão das reservas de petróleo. Os geólogos já haviam descoberto, naquela ocasião, grandes reservas de petróleo no Alasca e no mar do Norte, cujos poços, poucos anos depois, entraram em produção. O elevado preço do petróleo, como resultante das "crises do petróleo" de 1973 e 1979, incentivou também a pesquisa de novos poços, o que resultou no aumento das reservas. A tecnologia de extração também melhorou e tornou viável a exploração em áreas que pareciam antieconômicas,

* 26/01/1999

como, por exemplo, áreas profundas da plataforma continental, em que a Petrobras se tornou líder.

Além disso, o alto custo do petróleo colocou na ordem do dia o problema de evitar o desperdício, e um grande esforço de engenharia permitiu rapidamente melhorar a eficiência energética dos grandes responsáveis pelo consumo de derivados de petróleo, como os automóveis. Em poucos anos, após 1980, o consumo por quilômetro rodado caiu à metade.

O conjunto dessas medidas (aumento de produção em áreas fora do Oriente Médio e da eficiência energética) acabou por fazer desabar o domínio que o Oriente Médio tinha sobre os preços do petróleo, que caíram aos níveis anteriores a 1973.

O problema é saber se essa tendência vai continuar, ou, ao menos, se os preços se manterão no nível atual durante muitas décadas.

As empresas de petróleo, no momento, têm uma resposta "triunfalista" para essa pergunta: o petróleo é abundante, as reservas estão aumentando e vão durar pelo menos mais quarenta anos. Se acreditarmos nessas previsões, a procura de fontes alternativas se torna menos prioritária.

Sucede que essa visão otimista foi recentemente questionada por dois especialistas em petróleo, num relatório que está causando grande impacto na área energética.

Esses especialistas argumentam que é hábito das empresas petrolíferas inflar ou reduzir as reservas de petróleo de acordo com conveniências políticas do momento, como os países da Opep fizeram em 1973. Além disso, mesmo quando as reservas são grandes, pode não existir tecnologia para extraí-las das profundezas da Terra, ou o custo dessa extração pode tornar-se muito alto.

Finalmente, não é verdade que as novas descobertas serão transformadas em petróleo na superfície, porque 80% do óleo produzido hoje vem dos poços descobertos antes de 1973. A conclusão a que se chega é que a produção de petróleo tem aumentado muito e atingiu cerca de 24 milhões de barris por ano em 1998, mas esse é o pico da produção mundial. Mesmo que as reservas durem mais quarenta anos, a produção anual vai começar a cair dentro de uma década, o que se refletirá no aumento do seu preço.

Tipicamente, quando um poço de petróleo é descoberto, sua produção é pequena, mas aumenta gradativamente, passa por um pico e depois declina lentamente. Há exceções espetaculares em que, ao perfurar o poço de petróleo, o gás que acompanha o petróleo o faz jorrar, mas essa não é a regra.

Além disso, ao que tudo indica, quase todos os "poços gigantes" – que são descobertos antes dos outros porque a evidência geofísica de sua existência é tão evidente – parece que já foram encontrados. Nas últimas décadas, poucos poços gigantes foram descobertos.

As considerações acima se referem ao que se considera petróleo convencional, do tipo que se encontra no Oriente Médio ou no Brasil. Há, porém, em várias partes do mundo, como no Orinoco, na Venezuela, e no Canadá, grandes reservas de óleos muito pesados e de xisto betuminoso. Teoricamente, essas reservas de petróleo não convencional poderiam ser transformadas em derivados mais leves, como o óleo diesel e a gasolina, que são os combustíveis que se usam em automóveis e caminhões. O óleo do Orinoco, contudo, contém metais pesados e enxofre e, por conseguinte, o uso dessas reservas terá um custo financeiro adicional, sem falar dos problemas ambientais, que tenderão a limitar seu uso.

Não parece, pois, provável que haja problemas imediatos com o suprimento do petróleo ou de óleos pesados que o substituam, mas é evidente que há uma enorme diferença entre custo de produção e preço no mercado. Ela tem sido manipulada politicamente, e talvez volte a sê-lo.

Mesmo que isso não ocorra, o preço tende a subir, à medida que a oferta de petróleo se torne menos abundante e as tecnologias para sua produção se tornem mais complicadas. É por essa razão que a procura de alternativas como o álcool, que é um combustível limpo e renovável, deve ser mantida, e esforços devem ser feitos para ampliar o leque com outras opções possíveis que a aparente abundância de petróleo tende a desvalorizar.

A COMISSÃO INTERNACIONAL
DE BARRAGENS*

EXISTEM NO MUNDO CERCA DE OITOCENTAS MIL barragens nos rios que correm pelos cinco continentes. É difícil encontrar um curso d'água onde o homem não tenha construído uma barragem. Destas, cerca de 45 mil são barragens de mais de quinze metros de altura, por essa razão denominadas "grandes barragens". Seus cursos são múltiplos, variando desde a geração de energia elétrica, irrigação, navegação até turismo e esporte.

A construção de qualquer barragem, grande ou pequena, afeta o curso normal dos rios e pode dar origem a problemas sociais, ambientais ou econômicos, dependendo do local onde ela é construída.

Como exemplo de problema social se pode mencionar a inundação das margens, levando ao deslocamento voluntário ou involuntário de populações ribeirinhas. Em alguns casos, a área inundada pode ser considerável, deslocando grandes populações. Por causa da barragem das Três Gargantas, em construção na China, cerca de um milhão de pessoas estão sendo forçadas a migrar.

Como exemplos de problema ambiental podemos mencionar o desaparecimento de peixes, a mudança do microclima

---

* 06/04/1999

e a poluição das águas. Em alguns casos, as áreas inundadas cobrem florestas nativas, perturbando consideravelmente a vida de animais silvestres e levando à redução da biodiversidade.

Problemas econômicos podem ocorrer com a perda de terras férteis, inundação de estradas e problemas com transporte, que podem exigir a construção de novas pontes ou infra-estrutura.

Apesar de todos os problemas, a construção de barragens pode trazer grandes benefícios, seja pela geração de eletricidade, seja pelo uso da água para irrigar, entre outras possibilidades.

Cerca de 30% das grandes barragens do mundo – quinze mil ao todo – são usadas exclusivamente para gerar eletricidade, representando um quinto de toda a eletricidade usada no mundo. No momento, mais quatrocentas dessas barragens estão em construção.

O problema que precisa ser resolvido em cada caso é o de saber se os custos sociais, ambientais e econômicos são maiores ou menores do que os benefícios. De modo geral, os beneficiários se encontram em regiões distantes da barragem e as vítimas estão próximas a ela, o que complica os problemas.

A solução pode ser simples em muitos casos, resultando na construção da barragem, mas às vezes surgem problemas que não são apenas econômicos, mas envolvem questões de valores que são difíceis de quantificar.

É por essa razão que cada vez menos barragens são construídas nos países da Europa ou nos Estados Unidos: o movimento ambientalista, de modo geral, se opõe a elas. Além disso, a maioria das barragens que podiam ser consideradas economicamente justificadas nesses países já foi construída, numa época em que era fácil obter recursos para isso. Nos dias de hoje, uma séria análise econômica precisa ser realizada para verificar se não existem alternativas mais atraentes para a geração de eletricidade. Esse é freqüentemente o caso em países que dispõem de gás natural – com ele é possível construir usinas geradoras de eletricidade mais baratas em dois ou três anos, em contraste com usinas hidrelétricas, cuja construção pode levar de cinco a dez anos.

Em países em desenvolvimento a situação é bem diferente: há enorme carência de eletricidade e usinas hidrelétricas podem ser a única – ou a melhor – opção disponível. Deixar de construí-las corresponde, às vezes, a questionar a necessidade de desenvolvimento, que é a aspiração da grande maioria da população. Em países com baixa densidade populacional, como o Brasil, a relocação das populações atingidas é, em geral, um problema de pequena monta, mas esse não é o caso da Índia, onde a oposição a certas usinas atingiu proporções inesperadas.

O confronto entre "desenvolvimentistas" e "preservacionistas" (do ponto de vista social ou ambiental) é tão sério que criou fortes pressões sobre o Banco Mundial para adotar uma "moratória" para a construção de novas usinas hidrelétricas, o que significaria, na prática, a sua paralisação completa, porque o Banco Mundial, com seus empréstimos a juros baixos e longos prazos de amortização, é o principal banco financiador desse setor, direta ou indiretamente.

Para evitar que isso ocorra e decisões não sejam tomadas emocionalmente, o Banco Mundial e a União Internacional para Conservação da Natureza – uma organização guarda-chuva de entidades ambientais – reuniram, em 1997, na Suíça, um "grupo de referência" com mais de cinqüenta representantes de governos, comunidades afetadas por barragens, o setor privado e organizações multilaterais, e criaram uma Comissão Internacional de Barragens, com doze membros independentes, cujo mandato objetiva:

- Analisar a eficácia de grandes barragens na promoção do desenvolvimento e alternativas à geração de eletricidade e uso da água.
- Propor critérios e padrões aceitáveis internacionalmente para o planejamento, desenho, avaliação, construção e operação de barragens, bem como sua desativação, quando conveniente.

A comissão é presidida pelo ministro de Recursos Hídricos e Florestas da África do Sul e deve apresentar seu relatório em junho do ano 2000. Além das atividades técnicas previstas no trabalho da comissão, ela tem realizado seminários – verdadeiras audiências públicas – com os grupos interessados, a última das quais, recentemente, em Praga.

A comissão inovou ao desenvolver essas atividades e amplas consultas com um sucesso considerado surpreendente, até o momento. E, se conseguir cumprir seu mandato, resolverá um dos problemas que mais conflitos causam entre grupos antagônicos dos nossos dias.

A próxima reunião será realizada no Brasil, em agosto, onde representantes de vários países da América do Sul, além de representantes de organizações não-governamentais, poderão expor seus pontos de vista.

ENERGIA
NO SÉCULO XXI*

D ISPOR DE ENERGIA ABUNDANTE E BARATA É CONDIÇÃO indispensável para o desenvolvimento. Sem um mínimo de energia a vida pode ser difícil, como era até o século passado para a grande maioria da população, que convivia com a escuridão, sem água corrente nem esgotos. Ainda hoje, um quarto da população mundial não tem acesso à eletricidade, e um terço vive bem pouco acima do nível mínimo de subsistência. Enquanto isso, um quarto da população mundial nos países mais ricos utiliza energia de forma extravagante. Por exemplo, o consumo médio por habitante nos Estados Unidos é dez vezes maior que o consumo médio de um habitante da Índia.

Essa não é uma situação que vá perdurar por muito tempo, ou, em outras palavras, não é sustentável, pelas seguintes razões:

○ A pressão social das populações sem acesso à energia que lutam para se desenvolver. Esse tipo de pressão alimenta revoluções e guerras civis em várias partes do mundo ou provoca movimentos migratórios para os Estados Unidos e Europa.

---

* 29/06/1999

- A exaustão dos recursos energéticos tradicionais, como carvão, petróleo e gás natural. Essa parece ser uma preocupação exagerada numa época em que os preços do petróleo estão caindo, mas esta é uma situação que não vai perdurar por muito tempo. Existem, é claro, reservas de combustíveis fósseis não tradicionais, como xisto betuminoso e outros, mas a sua utilização vai redundar em custos maiores que os atuais. Além disso, a necessidade de garantir o suprimento de energia vai se aguçar e criar problemas de acesso, que poderão levar a intervenções militares como as que ocorrem no Oriente Médio.

- Problemas ambientais causados pelo uso de combustíveis fósseis, tais como deterioração da qualidade do ar nas cidades, "chuva ácida" e, mais recentemente, o "efeito estufa" causado pelo dióxido de carbono resultante da queima desses combustíveis.

Problemas ambientais são os que têm recebido maior atenção nos últimos anos, e a Convenção do Clima e o Protocolo de Quioto são resultantes dessas preocupações. Eles são, porém, apenas parte do problema, porque os outros enumerados acima são, no curto prazo, até mais importantes do que o eventual aquecimento da Terra.

Por essas razões, agências das Nações Unidas e o Conselho Mundial de Energia decidiram realizar um novo estudo que analise o problema da energia na primeira metade do século XXI, tendo como meta identificar o que pode ser feito para tornar o sistema energético mais sustentável do que o atual, baseado no consumo de combustíveis fósseis.

Esse estudo está em andamento, mas já se pode adiantar suas linhas mestras, que são:

○ A importância de melhorar a eficiência do sistema atual, evitando perdas, o que redundará em prolongar a duração das reservas existentes de combustíveis fósseis. Isso é particularmente importante nos países ricos, onde o desperdício é maior e onde grandes economias podem ser feitas.

○ O uso crescente de novas fontes renováveis de energia baseadas no uso da energia solar em suas diversas formas, como o vento, aquecimento solar, geração de energia com dispositivos fotovoltaicos e o uso em grande escala de biomassa, como é feito no Brasil com a cana-de-açúcar. O uso de biomassa (lenha, resíduos agrícolas, lixo urbano e resíduos animais) está associado, em geral, a técnicas primitivas, mas isso está sendo mudado, como o Programa do Álcool demonstrou. É possível transformar biomassa em combustíveis gasosos ou líquidos de alta qualidade.

○ O desenvolvimento de novas tecnologias, como o uso de hidrogênio ou novos tipos de reatores nucleares mais seguros.

O estudo identifica também as políticas públicas necessárias para que tais desenvolvimentos ocorram, uma vez que as leis do mercado são lentas. Além disso, o próprio mercado tem distorções que precisam ser eliminadas para que os desenvolvimentos ocorram, como, por exemplo, subsídios ao uso do carvão, que ocorrem em vários países.

A estratégia que está sendo utilizada no processo de privatização das empresas de energia no Brasil dá uma boa idéia das políticas públicas que se podem adotar: nas empresas de distribuição de eletricidade que passaram das mãos do Estado para a iniciativa privada é obrigatório o investimento de 1% do faturamento bruto em conservação de energia e desenvolvimento tecnológico. Com isso se combina o maior dinamismo da empresa privada na gestão dos negócios com investimentos nas áreas que levam efetivamente a uma maior sustentabilidade.

Esse tipo de taxa ou imposto sobre a energia vendida se diferencia de outros, como ICMS ou IPI, que vão para os cofres do Tesouro, porque são direcionados para melhorar o próprio setor de energia, com vantagens para as empresas e para os consumidores.

Outras políticas públicas, como a introdução de normas e padrões de qualidade e desempenho, também têm papel importante, e o estudo em realização dará exemplos de sua introdução em diferentes partes do mundo.

O que se espera é que o estudo demonstre que desenvolvimento e sustentabilidade não são incompatíveis.

ENERGIA
E POPULAÇÃO*

U M QUINTO DA POPULAÇÃO MUNDIAL, QUE VIVE NOS
países da Europa Ocidental, nos EUA e no Japão,
tem um nível de vida elevado e consome quatro quintos dos recursos naturais disponíveis no mundo. Isso vale também para a energia, quer seja ela proveniente de carvão, petróleo, gás, resíduos vegetais e lenha, energia hidrelétrica ou nuclear.

Essa situação não vai perdurar para sempre, dada a enorme pressão existente nos países em desenvolvimento para melhorar o padrão de vida de sua população. Conseqüentemente, a competição pelo acesso aos recursos energéticos vai crescer, podendo levar a aumentos de preços ou a conflitos que poderão degenerar em guerras localizadas.

Pior que isso serão, provavelmente, as dificuldades da parte mais pobre da população mundial para satisfazer suas necessidades mínimas de sobrevivência. É esta parte – cerca de dois bilhões de pessoas –, sem acesso às formas mais modernas e eficientes de energia, como a eletricidade, que terá maiores dificuldades para sobreviver.

* 30/11/1999

O crescimento populacional só vai agravar esses problemas, sobretudo nos grandes países da Ásia e da África, em razão do crescimento populacional. Esse crescimento foi tão rápido no século xx que já atingimos a marca de seis bilhões de habitantes no planeta, com perspectivas de atingirmos dez bilhões no meio do próximo século.

A população dos países mais ricos deixou de crescer, mas isso ainda não ocorreu em muitos países em desenvolvimento. As razões para isso, nas sociedades rurais mais primitivas, são bem compreendidas: muitos filhos são a garantia de mais braços para ajudar na agricultura e uma forma de assegurar apoio aos velhos quando não puderem mais trabalhar – como a mortalidade infantil era muito grande no passado, ter muitos filhos significava uma garantia para o futuro.

À medida que as sociedades se tornam mais ricas, o uso de máquinas na agricultura reduz a necessidade de mão-de-obra. Por conseguinte, a demanda por muitos filhos diminui e a ênfase passa a ser uma melhor qualidade de vida para eles. Fatores culturais são também muito importantes. Menos filhos significa maior cuidado com cada um deles, melhor educação e melhores expectativas de sobrevivência. Essas são as razões que levaram à "transição demográfica", que se iniciou há mais de um século na Europa, resultando na estabilização das populações de nações mais ricas.

Essa transição demográfica ainda não atingiu boa parte da Ásia, África e América Latina porque, para certas tarefas essenciais para a sobrevivência – tais como obter água potável, combustível para cozinhar ou aquecimento e outras –, se utiliza o trabalho das crianças, afastando-as da escola.

Além disso, elas exigem das mulheres um esforço desnecessariamente grande, reduzindo suas oportunidades de obter uma melhor educação.

Boa parte dessas tarefas poderia ser simplificada com o uso de formas mais modernas de energia: em lugar de despender horas na coleta de lenha para cozinhar, como ocorre na África, é muito mais prático e eficiente usar gás liquefeito de petróleo, como se faz no Brasil. É essa modernização que vai acelerar a "transição demográfica" nesses países e levar à redução da população futura.

Há um hábito generalizado de apontar o crescimento populacional como o grande responsável pelos problemas do mundo moderno, mas tal acusação não se justifica em vários setores, principalmente na área da energia.

Estudos detalhados mostram que o crescimento da população mundial é responsável por apenas cerca da metade do aumento do consumo de energia. O resto é responsabilidade dos padrões de consumo dos mais ricos, como o uso de automóveis nas grandes cidades. Em outras palavras, cada habitante da Europa Ocidental, dos EUA e do Japão equivale a quase dez habitantes dos países em desenvolvimento quando se trata do uso de energia e de suas conseqüências, como a poluição da atmosfera, incluindo o "efeito estufa".

A redução do crescimento populacional é o resultado natural do desenvolvimento econômico, incluindo a modernização da forma como a energia é usada. Os métodos anticoncepcionais ou os que tentam resolver o problema do crescimento populacional por meio de procedimentos médicos são eficazes, mas muito radicais.

A melhor maneira de evitar o aumento da natalidade é a remoção das causas desse aumento, o que decorre do subdesenvolvimento e da ausência de educação. Uma das melhores estratégias para atingir esse objetivo é a de modernizar o uso de recursos naturais, o que levará naturalmente à aceleração da "transição demográfica".

RACIONAR OU RACIONALIZAR?*

Todo o complexo setor de eletricidade do país parece ter sido tomado por um estranho frenesi diante da possibilidade de racionamento de energia elétrica. Não passa um dia sem que alguma "cassandra" preveja o pior para os próximos meses, em razão do baixo nível dos reservatórios das usinas hidrelétricas.

A resposta do governo até agora foi lançar um programa de publicidade conclamando a população a economizar eletricidade, mas o tom das declarações dos diversos responsáveis é de resignação, como se o racionamento fosse inevitável. A própria idéia de economizar eletricidade é negativa, porque significa, de imediato, alguma privação, como luzes apagadas, menos elevadores funcionando, aparelhos de ar-condicionado desligados e inconveniências de todo tipo.

A razão por que essas medidas tendem a ser ineficazes é a seguinte: a maioria dos aparelhos que consomem eletricidade é ligada diretamente à rede e não há muito que se possa fazer a respeito deles, exceto desligá-los. Uma fábrica precisa de motores para funcionar, e não há como economizar a não ser cortando a produção; as geladeiras e os aparelhos de

---

* 01/05/2001

ar-condicionado funcionam automaticamente, bem como os outros eletrodomésticos, e não há como reduzir seu consumo a não ser deixando de usá-los. Talvez alguma economia se obtenha reduzindo a iluminação pública, mas com isso provavelmente a criminalidade vai aumentar.

As medidas que poderiam ser eficazes para reduzir o consumo, sem abrir mão dos serviços que a eletricidade nos proporciona, são todas estruturais e de longo prazo, e não conjunturais e de curto prazo. Acerca delas não se fez nada desde que a ameaça de falta de energia começou a se configurar há alguns meses.

Quais são essas medidas possíveis? Em primeiro lugar, melhorar a eficiência dos equipamentos que usam eletricidade, desde lâmpadas até chuveiros elétricos e motores. É preciso que o governo (e os usuários) se dê conta de que ninguém utiliza eletricidade "de per si", mas os serviços que ela nos proporciona: iluminação, refrigeração, aquecimento da água (em chuveiros elétricos, por exemplo), o funcionamento dos eletrodomésticos e motores, na indústria.

Sucede que todos esses equipamentos podem ser de melhor ou pior qualidade, e usam muito mais eletricidade do que é necessário justamente quando são de pior qualidade. Geladeiras, no Brasil, de modo geral, consomem de 30% a 50% mais eletricidade do que suas similares no exterior, e o mesmo vale para uma infinidade de outros produtos. É na melhoria dessa qualidade que o governo tem de atuar.

Há duas maneiras de fazer isso:

- Em primeiro lugar, estabelecendo normas e padrões a que os equipamentos têm de obedecer, sem o que não poderão ser comercializados. Isso é feito até para automóveis nos EUA, onde os diversos modelos têm de fazer um número mínimo de quilômetros por litro. Chama-se "etiquetagem" a maneira de fazer isso, e ela não deve ser voluntária, como ocorre hoje, mas mandatária. O Instituto Nacional de Metrologia, apoiado em dispositivos legais, poderia encarregar-se dessas normas.

○ Em segundo lugar, introduzindo um diferencial nos impostos que favoreça equipamentos mais eficientes, taxando violentamente os que desperdiçam energia desnecessariamente, como chuveiros de grande potência, que só se encontram no Brasil.

Poder-se-ia argumentar que equipamentos mais eficientes no uso de eletricidade custam mais caro, mas a experiência de outros países mostra que isso nem sempre é verdade. Quando é verdade, redunda em economias de eletricidade que permitem recuperar o custo inicial mais elevado em menos de dois ou três anos. Isso é o que já descobriram os donos de hospitais, hotéis e administradoras de aeroportos, onde as luzes ficam acesas 24 horas por dia – o que eles fazem é usar lâmpadas fluorescentes, que economizam até 80% na conta de eletricidade.

O que cabe ao governo é criar mecanismos e incentivos que facilitem a transformação para o uso de equipamentos mais eficientes, o que vai acelerar a modernização do país.

Além dessas medidas, que darão resultado a médio e longo prazos, só o racionamento vai forçar as pessoas a tomarem as suas próprias decisões, algumas delas muito ruins, como instalar grupos diesel nas suas indústrias e gerar sua própria energia. Outra conseqüência que parece evidente – e já desejada por muitos fabricantes de equipamentos – é o forte aumento do preço da eletricidade para atrair mais investidores para o setor, o que vai pesar no bolso dos consumidores.

O insucesso do programa emergencial de termoelétricas é a causa mais próxima dos problemas que enfrentamos, além dos fatores incontroláveis, como o período de pouca chuva que estamos atravessando.

As medidas estruturais esboçadas acima podem demorar um pouco a se concretizar, mas os prenúncios de mais problemas nos anos de 2002 e 2003 são muito fortes e, se elas não forem introduzidas agora, atravessaremos uma situação ainda pior nos próximos anos.

A INDEPENDÊNCIA
ENERGÉTICA*

A RECENTE DISPUTA ENTRE A PETROBRAS E A BOLÍVIA em relação aos investimentos da empresa naquele país e a continuidade do suprimento de gás para São Paulo não só nos ensinaram como é difícil depender dos outros, mas também como é difícil ser uma nação imperial.

O problema não é apenas nosso, mas domina, no momento, as relações internacionais de muitos países, desde que a energia passou a ocupar um lugar central no mundo moderno. Sem petróleo e gás as sociedades modernas simplesmente deixam de funcionar, tanto na paz como na guerra.

Algo parecido com isso ocorreu no passado com a importação de alimentos, cuja falta provocava aumentos de preço e até racionamentos, mas a dependência de importações, nesse caso, raramente leva a uma crise sem solução. A falta de alguns alimentos pode quase sempre ser solucionada com a sua substituição, e uma certa produção local sempre existe, permitindo ajustes graduais.

Com gás e petróleo os problemas podem ser muito mais dramáticos. Basta fechar uma torneira no gasoduto que leva gás da Rússia para a Europa Ocidental para que

* 15/08/2006

uma grave crise se instale imediatamente, o mesmo ocorrendo com o suprimento de petróleo do Oriente Médio, do qual os Estados Unidos são particularmente dependentes. A instabilidade política naquela região do mundo, agravada pela invasão do Iraque e pelas ambições nucleares do Irã, tem repercussão direta no preço do petróleo e na regularidade do seu suprimento. Não é, pois, de admirar que boa parte do enorme poder militar dos Estados Unidos esteja engajado naquela região.

Até recentemente – pouco depois da queda do Muro de Berlim e da dissolução da União Soviética – se passou a pensar que, com a emergência de uma única superpotência mundial como os Estados Unidos, as tendências nacionalistas diminuiriam à medida que os países se integrassem numa economia de mercado globalizado, numa espécie de "pax americana", como foi a "pax romana", que levou a civilização de Roma a todos os pontos do seu enorme império. O domínio de Roma resultou na escravização dos demais países existentes na época, permitindo que os cidadãos romanos atingissem um nível de prosperidade invejável. Repetir o exemplo de Roma nos dias de hoje não é mais possível, apesar de várias tentativas nesse sentido.

A integração poderia, contudo, ocorrer com a universalização do acesso à informação, por meio da internet, e da expansão da democracia em muitos países. São elas que deram origem à popularidade dos escritos de Thomas Friedman, influente jornalista americano, que escreve para o jornal *The New York Times*. Ele disseminou a idéia de que "o mundo é plano", sem barreiras, e que gradualmente todos os países atingiriam o nível de bem-estar e de valores dos Estados Unidos.

É evidente, hoje, que isso não está acontecendo. A ascensão do nacionalismo como uma força política de primeira grandeza está ocorrendo em várias partes do mundo, principalmente na América Latina, e a crise do petróleo e gás está alimentando essa tendência. Além disso, os conflitos culturais e étnicos atuais nos Bálcãs e na África – que chegam a lembrar os conflitos entre nações que nos levaram à Primeira Guerra Mundial e aos genocídios da Segunda Guerra Mundial – mostram que a integração das civilizações não está ocorrendo de forma muito suave. Mais recentemente, até na Europa e nos Estados Unidos esses problemas se manifestaram de forma intensa, na tentativa de barrar as ondas migratórias que invadem seus países.

No caso da energia – petróleo, gás e até energia nuclear –, a instabilidade política no Oriente Médio e o abandono do multilateralismo pelo atual governo americano estão acirrando as tendências nacionalistas de muitos países, que sentem que não podem depender de governos que colocam seus interesses nacionais acima do interesse dos demais. É natural, portanto, que esses países tentem reduzir ao mínimo possível importações de energia, produzindo dentro de suas fronteiras nacionais o que for necessário.

A procura pela independência energética não é um fato novo no mundo moderno, e não foi por outra razão que o general De Gaulle impulsionou a França para produzir eletricidade. Para a França, que gerava energia elétrica a partir de carvão ou derivados de petróleo, essa era uma solução. Outros países, como o Brasil, que têm um sistema energético com outras características, não precisam seguir o modelo francês, porque possuem outras opções mais atraentes, procurando sua independência energética pela via da auto-suficiência. Para o Brasil, a solução natural para a produção de eletricidade é, ainda, a energia hidrelétrica, com a auto-suficiência em petróleo assegurada pela exploração da plataforma continental, além do gás natural, para resolver o problema dos transportes, e do álcool combustível. Na verdade, o Brasil já exerce um papel de destaque no cenário mundial, servindo de exemplo aos outros países. A auto-suficiência em gás natural poderá ser conseguida acelerando os trabalhos de extração das reservas da Bacia de Santos.

Tais projetos poderão tornar-nos independentes da Bolívia e, evidentemente, da Venezuela – que está propondo uma aventura, que é a de construir um gasoduto de mais de seis mil quilômetros, parte dos quais na floresta amazônica. Os impactos, de todos os tipos, decorrentes desse projeto podem ser extremamente elevados, e precisam ser avaliados com cautela. À primeira vista, essa proposta pode servir aos interesses dos venezuelanos, mas não aos nossos, nem do ponto de vista da segurança energética nem da ambiental.

BIODIESEL – PROMESSAS E PROBLEMAS*

A TÉ O FINAL DO SÉCULO XVIII, A ENERGIA NECESSÁRIA para construir e mover as sociedades humanas era proveniente dos escravos ou do sol, sob a forma da energia dos ventos (que movia os navios e as moendas de grãos), as correntes fluviais (que moviam as rodas d'água) e a madeira das árvores, que era usada para cozinhar ou aquecer ambientes. Carvão, petróleo e gás, que só passaram a ser usados mais recentemente, se formaram, milhões de anos atrás, de florestas e outros materiais orgânicos soterrados que sofreram transformações químicas ao longo do tempo. Hoje estamos usando-os como combustíveis fósseis como se usa uma herança, sob a forma de petróleo e gás. Por maiores que sejam essas reservas, elas não são infinitas, e vão esgotar-se em razão da rapidez com que as estamos consumindo. Cerca de metade do petróleo e do gás existentes já foi utilizada. Além disso, as reservas fósseis têm muitas impurezas, e, quando as queimamos, poluentes são lançados na atmosfera, provocando problemas ambientais.

É evidente, porém, que a humanidade não abrirá mão facilmente do conforto e das amenidades que combustíveis fósseis proporcionam. Eles representam hoje 80% de toda a

* 20/02/2007

energia que usamos, mas esta porcentagem certamente diminuirá muito nas próximas décadas.

Nessas condições, o que fazer? Uma das soluções é tentar repetir o que a natureza fez com as florestas, as algas e os animais marinhos no passado e convertê-los em combustíveis líquidos.

A cana-de-açúcar é uma candidata ideal para isso: dela se extrai um caldo que, fermentado, produz álcool, que substitui a gasolina com vantagem; o bagaço restante pode ser usado como combustível para o processo industrial de fermentação e para a geração de eletricidade. Para cada litro de álcool produzido é preciso usar apenas um décimo de litro de combustíveis fósseis, sob a forma de pesticidas, fertilizantes e combustível para as máquinas usadas nas plantações de cana. É por esta razão que ele é um programa de energia renovável que, no fundo, usa energia do sol, que faz a cana-de-açúcar crescer. Os americanos estão tentando fazer o mesmo com o milho, mas para cada litro de álcool é preciso usar quase um litro de combustível fóssil, de modo que o ganho ambiental é baixo. É por isso que o Programa do Álcool do Brasil (Proálcool) tem um futuro brilhante. Álcool substitui hoje 40% da gasolina que seria consumida pelos automóveis no país.

O sucesso desse programa levou o governo a tentar estimular a produção de um substituto para o óleo diesel usado pelos caminhões e ônibus, usando óleos vegetais. Em tese, a idéia é boa, mas na prática requer ainda muito trabalho. Os óleos vegetais mais atraentes (dendê, mamona, pinhão-manso) são pouco cultivados no Brasil, e o que o governo fez foi criar um programa assistencialista (como o Bolsa-

Família) para a agricultura familiar, que, em pequenos lotes, forneceria a matéria-prima. Os problemas logísticos desse programa não são fáceis de resolver. É preciso recolher a produção de centenas de milhares de pequenos fazendeiros ou assentados e levá-la a fábricas onde o produto é prensado e o óleo resultante sofre um tratamento químico.

Tendo isso em vista, não é de admirar que os produtores tenham optado por usar soja como matéria-prima, para se beneficiarem de economias de escala que a agricultura familiar não tem. A produção de biodiesel da soja, contudo, tem produtividade por hectare muito inferior à do dendê e da mamona, e utiliza metanol importado na sua preparação, que é produzido a partir de combustível fóssil.

Os subsídios ainda são elevados: no último leilão para aquisição de biodiesel, o preço médio foi de R$ 1,72 por litro, sem os impostos que incidem sobre o óleo diesel comum, que, apesar desses impostos, custa apenas R$ 1,34. Quando o Programa do Álcool começou, o seu custo era também elevado, mas foi caindo à medida que a produção aumentou, e se poderia esperar que isto também aconteça com o biodiesel. Atualmente, o custo de produção do biodiesel na Europa é o dobro do de diesel de petróleo, e a decisão de subsidiá-lo naquele continente é política, o que gera dúvidas quanto à sua sustentabilidade.

Hoje, a meta do governo é substituir 2% do diesel da Petrobras por biodiesel, o que não cria problemas para os motores. Entretanto, para que essa porcentagem aumente, será preciso estudar com cuidado o efeito que terá sobre os veículos, em testes realizados nos laboratórios do governo, como o IPT, que darão garantia aos seus produtos.

Para que o biodiesel repita o sucesso do Proálcool é preciso evitar que use apenas a soja, caso contrário ele se tornará menos um programa de energia renovável – como o Programa de Álcool – e mais um programa para estimular as plantações de soja, que já ameaçam seriamente a floresta amazônica.

O outro problema do uso da soja é que ele nos força a escolher entre alimentos e combustíveis, uma armadilha da qual temos de escapar. O uso do milho para produzir álcool nos EUA já está criando sérios problemas.

A produção de óleos vegetais no Norte-Nordeste, estimulando a agricultura familiar, sobretudo a do óleo de dendê e de mamona, é uma boa idéia, mesmo porque eles têm outras aplicações industriais e elevado valor de mercado. Apesar de subsidiado, o programa poderá gerar empregos e fixará mão-de-obra no campo, o que vários países da Europa estão fazendo há muitos anos, por razões estratégicas, para reduzir as importações de petróleo.

O programa de biodiesel do Brasil ainda está na infância e poderá melhorar, mas é preciso olhar esta opção com realismo, para que se torne um programa de energia renovável, como é o etanol da cana-de-açúcar.

MADEIRA
OU USINAS NUCLEARES?*

PARA FORÇAR O IBAMA A CONCEDER A LICENÇA AMBIENtal das usinas do rio Madeira, o presidente da República ameaça autorizar a construção de usinas nucleares. A ameaça corresponde a simplificar enormemente um problema complexo, como é do seu feitio. Acostumado a resolver problemas com medidas provisórias, o presidente não se dá conta de que há algo estruturalmente errado com o atual modelo energético adotado no começo do seu primeiro mandato, e pensa haver apenas má vontade ou preconceitos da área ambiental.

Comparar as usinas do rio Madeira com usinas nucleares é como comparar laranja com batata. Nem uma nem outra — mesmo se sua construção começasse amanhã — ficaria pronta antes de seis ou sete anos. Além disso, o complexo do rio Madeira poderia gerar cerca de 6,5 milhões de kilowatts, e a usina nuclear de Angra dos Reis 3, apenas 1,3 milhão de kilowatts.

Talvez a única semelhança entre as usinas do Madeira e as nucleares seja que são obras extremamente caras. As do rio Madeira, pela necessidade de construir linha de transmissão de milhares de quilômetros para levar a eletricidade

* 10/05/2007

aos grandes centros consumidores. A de Angra dos Reis, porque já custou US$ 700 milhões, e serão necessários mais US$ 1,8 bilhão para terminá-la.

Considerar essas usinas como a única maneira de atender à demanda crescente de energia constitui visão totalmente equivocada. O Brasil precisa de três a quatro milhões de kilowatts adicionais de energia elétrica a cada ano que passa, e os leilões de energia não estão atingindo esse nível.

Já existem cerca de 7,3 milhões de kilowatts de usinas licitadas ou autorizadas em diversos estágios de implementação. Se fossem concluídas, deveriam resolver os problemas de abastecimento. Sucede que muitas nem saíram do papel, ou estão semiparalisadas devido a problemas não ambientais.

Além disso, existem os 3,3 milhões de kilowatts do Proinfa com energias renováveis (energia eólica, pequenas centrais hidroelétricas e bioenergia) que também estão atrasadas, isso tudo apesar de as tarifas de eletricidade terem subido extraordinariamente. Parece haver uma "indústria" de intermediação de concessões para construção que passam de mão em mão sem que investidores sérios se disponham a investir, por sentir insegurança no marco regulatório.

Por trás das obras do rio Madeira e da usina nuclear há atuantes *lobbies* que apresentam suas soluções como mágicas, desorientando o trabalho árduo que é tocar centenas de outras obras mais viáveis e que ficariam prontas muito antes delas.

O que parece haver de errado com o modelo energético é que os planejadores da Empresa de Planejamento Energético confundem concessões e autorização para construir por meio de leilões com construção efetiva.

Fazer do Ibama o bode expiatório do insucesso do modelo energético pode ser confortável, mas não resolve o problema, porque a legislação ambiental é complexa e o Ministério Público pode barrar qualquer licença problemática. É claro que o Ibama poderia ser mais ágil e competente, mas isso o governo deveria ter visto há quatro anos, dando ao instituto os meios necessários para melhorar o desempenho. Junto com certo aparelhamento de um órgão que é essencialmente técnico, o custo para o país tende a ser enorme.

O que se impõe agora é fazer uma análise séria sobre o que impede os dez mil megawatts de obras que se encontram em andamento e as do Proinfa de serem concluídas. Essa potência corresponde a uma nova Itaipu. Na época do apagão no governo Fernando Henrique, o dr. Jerson Kellman, atual presidente da Agência Nacional de Energia Elétrica (Aneel), fez brilhante avaliação das causas do problema.

Apontou a falácia dos planejadores de então (como dos atuais planejadores da Empresa de Planejamento Energético), que garantiram que não haveria problemas no setor. Seria o caso de fazer agora uma análise desapaixonada da situação. Não são puxões de orelha do presidente Lula que vão resolver o problema.

ENERGIA –
SONHOS E REALIDADES*

O GOVERNO FEDERAL PARECE TER ACORDADO DA LE-targia que o acometeu nos últimos anos em relação à produção de eletricidade, que é essencial não só para o crescimento da economia, para o PAC, mas para garantir o suprimento do que já existe no país.

Problemas com o planejamento e a falta de chuva já foram responsáveis pelo "apagão" de 2001, que afetou a vida de todos os brasileiros. As perspectivas de que algo semelhante venha a ocorrer nos próximos anos são reais, e o problema só não é menos urgente devido às excelentes chuvas que tivemos este ano, que encheram os reservatórios das usinas hidrelétricas, das quais depende a maior parte da nossa eletricidade.

O nervosismo do governo e do próprio presidente da República é evidente, com os repetidos "puxões de orelha" nos órgãos ambientais e nas ameaças do presidente de que se as usinas do rio Madeira não forem liberadas, a opção será concluir a usina nuclear Angra dos Reis 3.

A colocação do presidente é equivocada. Mesmo que ambos os projetos fossem iniciados amanhã, levaria pelo menos seis anos para que produzissem eletricidade. É preciso,

* 21/05/2007

pois, encontrar outras soluções menos problemáticas, e elas existem.

A potência das usinas já licitadas e autorizadas, com licença ambiental, é de 7,3 mil megawatts (a maioria hidrelétricas), equivalentes a seis reatores nucleares do porte de Angra dos Reis. Além disso, existem 3,3 mil megawatts do Programa de Incentivo às Fontes Alternativas de Energia Elétrica (Proinfa) para energias renováveis, como a eólica (ventos), biomassa e pequenas centrais hidrelétricas. Somadas, essas fontes equivalem a uma nova Itaipu. A geração de eletricidade queimando bagaço excedente nas usinas de açúcar e álcool também está aumentando muito, principalmente em São Paulo. Em lugar de reclamar dos órgãos ambientais, o governo deveria, portanto, enfrentar a realidade, e não sonhar com soluções "milagrosas" como as usinas do rio Madeira ou nucleares.

A realidade é que o Ibama é lento, foi "aparelhado" no início da primeira gestão do atual presidente da República, seus quadros técnicos, reduzidos, e muitos consideram seu desempenho questionável. Há quatro anos ele deveria ter sido reformulado, e teria havido tempo para melhorar sua agilidade e sua competência técnica. Isso não foi feito, e a reformulação proposta agora levará tempo para produzir resultados.

A verdade é que o problema não está apenas no Ibama, mas no modelo energético adotado, em 2002, pelo governo atual, baseado em leilões da Empresa de Planejamento Energético (EPE), que criaram mais problemas do que resolveram. A EPE caiu um pouco na mesma ilusão de governos anteriores de acreditar que usinas licitadas são efetivamente construídas. Há toda uma "indústria" de concessões – como havia no passado –, e os empresários hesitam em investir num sistema em que as regras não são claras, apesar do enorme aumento das tarifas de eletricidade que ocorreu nos últimos anos. É urgente analisar por que os 7,3 milhões de quilowatts licitados ou autorizados ainda não saíram totalmente do papel, pois é lá que se encontra a solução imediata dos problemas atuais, e não nas usinas do rio Madeira ou nas usinas nucleares. As dificuldades com elas não são técnicas, mas econômicas e financeiras, pois ambos os empreendimentos são caros, e não será fácil financiá-los.

As usinas do rio Madeira estão distantes dos principais centros de consumo e as longas linhas de transmissão necessárias para trazer a energia para o Sudeste provavelmente dobrarão o investimento necessário. Além disso pode haver problemas sazonais de usinas da Amazônia se não contarem com grandes reservatórios, que são, em geral, os que criam problemas ambientais e sociais.

Quanto à usina Angra dos Reis 3, há com ela três problemas. O primeiro é que a Eletronuclear (responsável pela sua construção) tem um "dívida impagável de um bilhão de euros, e outro tanto em reais, ou dólares, à conta da Eletrobrás, que está pagando os juros da dívida", segundo o seu ex-presidente Luiz Pinguelli Rosa.

O segundo é que essa usina irá custar, no mínimo, mais us$ 1,7 bilhão, além dos us$ 700 milhões de equipamentos já comprados. Uma escalada de custos não seria uma surpresa, porque já ocorreu com Angra 1 e Angra 2.

Em terceiro lugar, os entusiastas desse projeto raciocinam como se o combustível nuclear (urânio enriquecido) fosse barato e fácil de preparar, repetindo sempre que o Brasil tem grandes reservas de minério de urânio. Sucede que para transformá-lo em combustível nuclear seriam necessários investimentos de centenas de milhões de dólares nas usinas de enriquecimento. No fundo, é como se confundissem bauxita com alumínio, ou minério de ferro com placas de aço de alta qualidade. Há um enorme caminho a percorrer entre minério de urânio e combustível nuclear.

Todos esses problemas são econômico-financeiros, e não há argumento de defesa da soberania nacional que possa priorizar reatores nucleares, a não ser decisões políticas que os privilegiem diante da necessidade de concluir empreendimentos já iniciados.

O único argumento de alguma solidez a favor das usinas nucleares é o de que elas emitem menos carbono do que usinas termoelétricas, que usam combustível fóssil, como carvão e gás. Sucede que um reator como Angra dos Reis reduz emissões de cerca de dois milhões de toneladas de carbono por ano, que é apenas 1% do que o desmatamento da Amazônia emite. Se o governo desejasse de fato diminuir as emissões de carbono, reduzir o desmatamento da Amazônia seria o caminho a seguir.

O BRASIL
E A ARÁBIA SAUDITA*

É DIFÍCIL IMAGINAR DOIS PAÍSES MAIS DIFERENTES DO que a Arábia Saudita e o Brasil. O primeiro é um deserto, e sua única riqueza o petróleo. O segundo é quinze vezes maior e possui a maior floresta tropical do mundo, além de ser um país com amplas áreas férteis e bem irrigadas no Sudeste, onde se encontra uma das agriculturas mais competitivas do mundo. No subsolo do Brasil não existe petróleo, que se encontra apenas na plataforma continental a grandes profundidades. Na Arábia Saudita toda a riqueza do país está abaixo do solo; no Brasil, acima do solo.

Apesar dessas diferenças, tornou-se popular a idéia de que o Brasil poderia tornar-se a "nova" Arábia Saudita com sua produção de álcool (etanol) de cana-de-açúcar. Quão verdadeira é esta percepção?

A Arábia Saudita produz pouco mais de um décimo de todo o petróleo usado no mundo, mas isso a coloca na posição de principal produtora, pela qual domina o mercado mundial. Aumentando ou reduzindo sua produção, ela acaba determinando o preço do barril de petróleo no mundo todo.

Quais são as reais possibilidades de que o Brasil venha a ser uma "Arábia Saudita do álcool"?

* 16/07/2007

Álcool de cana-de-açúcar é um excelente combustível, que substitui bem a gasolina. Além disso, ele é renovável e não poluente, o que o torna superior à gasolina, que é obtida do petróleo. A produção brasileira de álcool já substitui 40% da gasolina usada no País. Para isso são usados três milhões de hectares de terra, o que é pouco comparado com a área total usada para a agricultura no Brasil, que são sessenta milhões de hectares.

Para substituir 10% de todo o petróleo do mundo – o que nos tornaria uma "Arábia Saudita do álcool" – seriam necessários cem milhões de hectares cobertos de cana-de-açúcar, uma meta muito difícil de atingir mesmo substituindo outras culturas por esta. Para atingi-la seria preciso aumentar substancialmente a área cultivada, o que poderia criar sérios problemas ambientais, com a destruição de áreas vulneráveis.

O que é realista é estabelecer metas mais modestas, mas nem por isso menos significativas.

Dobrar ou triplicar a produção de álcool no Brasil é factível e poderá ser conseguido em cerca de dez anos, sem causar grandes problemas ambientais, porque existem no país dezenas de milhões de hectares de áreas degradadas nas quais a agricultura se poderia expandir. Só no estado de São Paulo são dez milhões de hectares de pastagens, onde são criados bovinos que têm à sua disposição um hectare por cabeça, ou seja, um campo de futebol. Outra opção é aumentar a produtividade da cana-de-açúcar nas áreas em que já está implantada, sem a necessidade de expandi-las.

Basta aumentar um pouco a densidade do gado no solo para fazer isso sem o risco de empurrá-lo para a Amazônia.

Já o cultivo da cana-de-açúcar no Pantanal e em certas áreas de Mato Grosso e Minas Gerais, contudo, pode necessitar de cuidados especiais, e o Ibama precisa ficar vigilante para que abusos que desmoralizem o programa não ocorram.

Os países que produzem álcool a partir do milho, como os Estados Unidos, ou da beterraba e de cereais, como a Europa, sabem muito bem disso, e estão preocupados porque o etanol brasileiro pode ser produzido pela metade do custo desses outros. Importar álcool do Brasil vai inviabilizar sua produção nesses países.

Esta é a origem das restrições à importação de álcool do Brasil, que se manifestam de três formas:

○ A produção de álcool vai gerar fome no mundo porque vai substituir a produção de alimentos – o que é absurdo quando se olha a área que está sendo dedicada à cana-de-açúcar no Brasil para a produção de álcool, menos de 5% do total. Este é, porém, um sério problema nos Estados Unidos, onde a expansão da produção do milho em áreas antes ocupadas por soja está provocando aumento no custo desse cereal.

○ Haverá danos ambientais inaceitáveis, como a destruição da floresta amazônica – sucede que a cana-de-açúcar não cresce bem na Amazônia. Poder-se-ia argumentar que a expansão da cana em pastagens vai empurrar o gado para a Amazônia, mas isso não é necessariamente o que vai ocorrer, como se viu acima, pois a substituição poderá ser feita em áreas de pastagens, aumentando a densidade de ocupação pelo gado e liberando assim novas áreas para a cultura da cana.

❂ Na realidade, produzir álcool apenas disfarça o problema, pois se gasta muito combustível fóssil para produzi-lo; portanto, o álcool não seria, de fato, um combustível renovável – este é o caso quando se usa o milho ou outros cereais para produzi-lo, mas a situação com a cana-de-açúcar é realmente muito mais favorável: para cada litro de combustível usado se produzem quase dez de álcool.

Nos Estados Unidos ou Europa, uma unidade produtora "importa" combustíveis fósseis para o processo de produção do álcool. No caso do Brasil, usa-se como fonte de energia o bagaço de cana, do qual se obtêm o calor e a eletricidade necessários ao processo de preparação do álcool, desde o esmagamento da cana até a destilação do produto final, aliás, como se fazia em pequena escala nos velhos alambiques que faziam cachaça. Uma destilaria no Brasil não "importa" energia e até "exporta" o excedente, vendendo eletricidade às distribuidoras de energia.

Em conclusão, o que se pode dizer é que, graças à disponibilidade de terra e a um clima favorável, o Brasil poderá ser um grande produtor de álcool – talvez duas ou três vezes a produção atual – sem grandes problemas de competição com outras culturas e sem gerar sérios problemas ambientais.

Com isso o país não se tornaria a "Arábia Saudita do álcool" – sendo mesmo desejável que outros países com clima tropical apropriado sigam o mesmo caminho, até porque eles têm todas as condições para tal –, mas ainda assim seria o seu maior produtor mundial.

ENERGIA –
OUTRA MORTE ANUNCIADA*

ALÉM DO "APAGÃO AÉREO", CUJAS CONSEQÜÊNCIAS FU-nestas estamos presenciando, há outra "morte anunciada" no país, parafraseando o título do magnífico romance de Gabriel García Márquez: uma nova e séria crise de energia, como a que tivemos no ano de 2001.

Seis anos atrás, o racionamento de energia e as importantes medidas adotadas de economia de eletricidade – com a cooperação da população – evitaram uma crise maior. Os níveis de consumo de eletricidade só em 2004 voltaram aos mesmos de 2001, o que nos permitiu atravessar os últimos anos sem grandes sobressaltos. Sucede que nesse período se investiu pouco em novos empreendimentos, em razão da combinação de um complexo e confuso sistema regulatório introduzido pelo atual governo em 2002, que não ofereceu segurança aos investidores, com as complicações de licenciamento ambiental. A verdade é que o sistema elétrico do Brasil não é mais composto preponderantemente por empresas estatais (como era no passado, antes da década de 1990), nem apenas por entidades privadas, após 1990. O resultado, como se viu nos últimos anos, foi um aumento brutal das tarifas, que hoje se comparam ao que se paga por eletricidade nos

* 17/09/2007

países industrializados. Mesmo com esses aumentos, não é muito atraente para os investidores competir em leilões e investir na construção de usinas, como se pode ver, pelo fato de existirem muitas dezenas de empreendimentos iniciados e semiparalisados. A solução tentada pelo governo, forçando a aprovação do início das usinas do rio Madeira e até da usina nuclear Angra 3, é uma falsa solução, pois, mesmo que essas obras começassem amanhã, elas não ficariam prontas antes de 2013, na melhor das hipóteses. Antes disso, em 2009 ou 2010, corremos o sério risco de falta de eletricidade.

Uma solução atraente para o problema seria rever o assim chamado "modelo energético" que o atual governo introduziu e que o Ministério de Minas e Energia e a Empresa de Planejamento Energético (EPE) tentam implementar. Não existe clareza dentro do governo federal sobre o que fazer – reconhecer o fracasso desse modelo parece improvável e, mesmo que ocorresse, já foram perdidos cinco anos, não havendo mais tempo para que uma mudança de rumo se concretize nos próximos dois anos.

Nessas condições, o que fazer? Uma solução parcial foi discutida em profundidade há algumas semanas na Universidade de São Paulo (USP), com diversos técnicos e diretores de empresas do setor: eficiência energética.

Só os mais simplistas consideram a melhoria da eficiência energética equivalente à privação ou se queixam de que, se o consumo de eletricidade não crescer rapidamente, as empresas de eletricidade venderão menos e, portanto, terão menos lucro.

Esse problema já foi resolvido nos Estados Unidos há muitos anos: os órgãos reguladores – a Agência Nacional de

Energia Elétrica (Aneel), no nosso caso – garantem aos donos das empresas, ou a seus acionistas, uma rentabilidade fixa, mesmo que elas vendam menos eletricidade como resultado de medidas que melhorem a eficiência do sistema. Em outras palavras, investimentos em mais geração (e mais venda) valem tanto em termos de remuneração quanto promover a eficiência energética, como trocar lâmpadas ineficientes pelas fluorescentes, comprar geladeiras que consomem menos energia (sem prejudicar o seu desempenho), e assim por diante.

O que o governo poderia e deveria fazer é:

- Estabelecer incentivos regulatórios vigorosos para eficiência energética, o principal dos quais seria assegurar remuneração compensatória, diferenciada e progressiva, para motivar as concessionárias a investirem em eficiência no consumo de energia elétrica.
- Realizar auditorias anuais independentes de eficiência energética, com base nas quais o governo poderia avaliar o efetivo engajamento das empresas e dos usuários nos esforços por eficiência.
- Realizar leilões públicos de redução de consumo via aumento da eficiência no uso da eletricidade em condições similares às dos leilões oferecidos para a instalação de novas unidades de geração.
- Realizar censos de eficiência energética, para manter atualizados, conhecidos e divulgados os potenciais de incremento de eficiência energética em todo o Brasil.
- Promover o desenvolvimento de projetos de créditos de carbono como contribuição adicional às compensações por investimentos em projetos de eficiência energética.

Além disso, o governo deveria implantar incentivos tributários e normativos para o desempenho energético de eletrodomésticos, motores e toda uma variedade de aparelhos, o que não prejudicaria o seu desempenho, mas economizaria energia. Isso é o que o estado da Califórnia está fazendo desde 1980, e o resultado é o seguinte: o consumo de eletricidade por habitante é 50% menor do que o consumo do restante dos Estados Unidos e tem-se mantido constante desde aquele ano, apesar do seu crescimento econômico e do aumento de renda dos seus habitantes. Na União Européia, o consumo total de energia (não só eletricidade) seria 50% maior do que é hoje se não tivessem sido adotadas, a partir de 1975, sérias medidas de economia de energia, o que não impediu que todos os países da Europa atingissem um nível de prosperidade sem precedentes na história.

A idéia de que o consumo de energia acompanha o crescimento do produto interno bruto da economia era verdadeira no passado. Essa relação foi quebrada a partir de 1975, com a crise do petróleo. É possível crescer sem um crescimento idêntico no consumo de energia, e uma combinação de padrões de desempenho dos equipamentos e investimentos em economia de energia (devidamente remunerados) pode fazê-lo.

IV.

AMAZÔNIA

A QUEM INTERESSA
A DESTRUIÇÃO DA AMAZÔNIA?*

O SENADO ROMANO DURANTE CINCO SÉCULOS FOI A instituição política que dominou o mundo antigo – se bem que, aos poucos, seu poder tenha sido transferido para os imperadores, foi nele que se tomaram as decisões mais importantes da época.

É de imaginar, portanto, as pressões e os *lobbies* que se exerceram sobre os senadores, como hoje ocorre no Senado americano, que aspira a suceder, em alguns aspectos, ao Senado romano. Por essa razão, cada vez que um senador fazia um discurso importante, os demais perguntavam, maliciosamente, a quem interessariam suas propostas.

Essa é a pergunta a fazer, hoje, em relação à Amazônia. A quem interessa sua destruição progressiva, que sucessivos governos se têm mostrado incapazes de impedir?

A primeira resposta é que não se trata de destruição, mas de expansão da fronteira agrícola do país, como ocorreu na Europa há vários séculos. O que estaria, portanto, ocorrendo na Amazônia seria um processo normal de desenvolvimento, e os prefeitos e governadores da região estariam simplesmente procurando o melhor para a população local, ao expandir a área dedicada à agricultura ou à pecuária.

---

* 24/02/1998

Esse argumento hoje tem alguma validade, porque a população daquela área já atingiu quase vinte milhões de habitantes. Esse não era o caso, porém, 25 anos atrás, quando começou a "ocupação" da Amazônia, promovida pelo governo militar, com a construção de rodovias e grandes programas agropastoris de reassentamento agrícola e incentivos fiscais. A expansão da fronteira agrícola na Amazônia foi, portanto, artificialmente estimulada por políticas governamentais, a maioria das quais fracassada.

O fato concreto, porém, é que a população está assentada e, em muitos casos, a própria subsistência redunda em desmatamento: cerca de 50% se origina em propriedades de menos de cem hectares. O desmatamento em grandes latifúndios representa apenas cerca de 12% do total, contrariamente ao que ocorreu no passado, quando a regra eram imensos desmatamentos.

Portanto, o que estaria acontecendo hoje na Amazônia seria socialmente desejável e já ocorreu na Europa, no passado.

O que há de fundamentalmente errado nesse raciocínio "desenvolvimentista" é que a floresta amazônica está situada na zona equatorial, e não na zona temperada do hemisfério Norte, onde o solo é rico em nutrientes. O solo em que a floresta tropical se desenvolveu é arenoso e frágil: removida a floresta, a produtividade da terra cai rapidamente e força os agricultores – como os indígenas faziam antigamente – a abandoná-la e avançar mais ainda na floresta virgem, a cada dois ou três anos.

É por essa razão que o governo precisa tomar medidas eficazes para impedir o alarmante aumento da destruição da floresta amazônica, como comprovado pelo recente levantamento do Instituto Nacional de Pesquisas Espaciais. Só nos três anos do atual governo se desmatou mais do que nos seis anos anteriores. Se o atual processo não for revertido, a Amazônia acabará por desaparecer em poucas décadas.

Diante desse quadro alarmante, as medidas propostas pelo Ibama são tímidas e tardias. As reduções significativas que se conseguiram no desmatamento nos governos Sarney e Collor envolveram não só a remoção de subsídios, mas também uma fiscalização ativa, até com o uso da Aeronáutica e da Polícia Federal.

Essas medidas não foram tomadas para aplacar a ira dos ecologistas no exterior, mas para salvar a Amazônia, em benefício do povo brasileiro. A sua destruição pode interessar a madeireiros e a objetivos imediatistas dos que querem obter um lucro fácil sem preocupações com o futuro. Essa é a resposta à pergunta feita acima, e as acusações que são feitas aos que querem preservar a Amazônia representam esses interesses. Com o que está ocorrendo hoje na floresta amazônica retrocedemos dez anos, sob os olhos passivos do governo federal e com a complacência e até o encorajamento das autoridades locais.

O mínimo que o governo deveria fazer, diante dessa situação, seria tomar algumas medidas eficazes que demonstrariam claramente uma mudança de rumo. Não se trata apenas de aprovar novas leis, que, como as atuais, permaneçam letra morta.

Algumas dessas medidas são as seguintes:

⊘ Criação de grandes áreas de proteção ambiental (parques nacionais e outras), além das existentes, que são bastante reduzidas. Isso pode ser feito em áreas de propriedade da União e dos estados.

- Ampliação imediata do número de fiscais do lbama, guardas florestais e outros na Amazônia, e não na sede central do Ibama, em Brasília. A contratação de dois mil ou três mil novos fiscais não arruinaria mais as finanças federais do que certos desperdícios que ocorrem todos os dias na administração federal.
- Finalmente, a reorientação da Suframa para a criação de pólos industriais e semi-industriais do tipo da Zona Franca de Manaus, que pode ter originado problemas, mas criou empregos e evitou o desmatamento do estado do Amazonas.

A DEFESA DA
FLORESTA AMAZÔNICA*

PARA MARCAR O ASSASSINATO DE CHICO MENDES, HÁ dez anos, foi lançado, nos Estados Unidos, por grupos ambientalistas, uma nova campanha de defesa da Amazônia. Esse evento não teria nada de muito especial não fosse o apoio explícito à campanha dada pelo *The New York Times*, o principal jornal americano e um dos mais respeitados no mundo todo.

O apoio do jornal *The New York Times* consistiu em elogiar o trabalho de Chico Mendes, que contribuiu para convencer o governo federal a eliminar os subsídios à devastação da floresta e encorajar a formação de reservas extrativistas, das quais o seringalista morto foi o pioneiro. O mérito de Chico Mendes em criar essas reservas é indiscutível, mas a eliminação dos subsídios é um tema complexo para cuja redução muitos outros contribuíram.

É difícil prever se haverá um recrudescimento das denúncias ao governo brasileiro – tão comuns na década de 1980 –, as quais, aliás, o governo enfrentou muito mal. Contudo, caso isso ocorra, será preciso que as autoridades responsáveis não tentem ocultar a realidade, como fizeram no passado, e usem os argumentos corretos em defesa de

* 12/01/1999

suas políticas e não apenas o da negação dos fatos em nome da "soberania nacional". O fato é que o Brasil é um dos grandes emissores mundiais de carbono, logo após os Estados Unidos, China, os países da ex-União Soviética, o Japão e a Índia.

O que ocorre na Amazônia não só afeta os brasileiros mas também os outros países, por causa dos efeitos globais que o desmatamento acarreta. Manifestações de preocupação pelo destino da Amazônia feitas em outros países são legítimas como é legítimo que os brasileiros se preocupem com a preservação das florestas da Indonésia. O desmatamento da Amazônia lança na atmosfera, a cada ano, cerca de 3% das emissões mundiais de carbono; isto é o que países como a Inglaterra emitem por ano.

A taxa de desmatamento já foi maior e está decrescendo lentamente, mas ainda assim é muito elevada, e novas medidas são necessárias para que continue diminuindo. As leis e decretos do governo, limitando o desmatamento, têm cláusulas que permitem o desmatamento e, mesmo quando esse não é o caso, a fiscalização do Ibama é precária demais para coibi-la.

O que torna o problema difícil é que a população da Amazônia – e já são mais de quinze milhões de habitantes – quer o desenvolvimento a qualquer preço, e os prefeitos e governadores da região são os porta-vozes dessas aspirações.

Somente o governo federal pode ter a isenção e a vontade política de opor-se a interesses menores e imediatistas de grandes fazendeiros e madeireiros para reduzir o desmatamento. Mesmo isso é difícil, porque já existe uma população de milhões de pequenos fazendeiros que queimam a floresta como único método de sobreviver, como faziam os índios séculos atrás, em muito menor escala, é claro. Cada ano, mais de um milhão de hectares de floresta virgem é destruída neste processo.

Reservas extrativistas como aquelas pelas quais Chico Mendes lutou e morreu não são uma solução geral para o problema. Passados dez anos, apenas três milhões de hectares foram postos nessa categoria, e não é possível imaginar que possam atender às necessidades de milhões de pessoas. Desmata-se em dois anos tudo o que foi preservado em dez.

A única solução em grande escala é a criação de pólos de desenvolvimento na região Amazônica que não dependam da agricultura e pecuária, que levam, de modo geral, ao desmatamento. Um exemplo dessa política em ação é a Zona Franca de Manaus, que atraiu grandes empresas para a região, criou empregos e levou a população para a capital. O resultado disso é o estado do Amazonas ser o menos devastado da Amazônia. O estado do Pará, que tem uma população comparável, tem índices muito mais altos de desmatamento.

Pode-se alinhavar muitos argumentos contra a Zona Franca de Manaus, mas a verdade é que sua existência contribuiu para reduzir o desmatamento.

É nessa direção que soluções precisam ser procuradas. A idéia que a Amazônia poderia ser convertida em uma grande área dedicada à agropecuária é simplesmente incorreta, porque, a não ser em alguns bolsões delimitados, a qualidade do solo é inadequada. O sistema ecológico que lá existe é suficiente para manter uma floresta tropical úmida, mas não uma agricultura sustentável.

A melhor forma de "ocupar" e defender a floresta amazônica é protegê-la e não estimular um desenvolvimento que poderá dar resultados no curto prazo – como é o desmatamento para os madeireiros –, mas que deixaria um legado irrecuperável.

A AMAZÔNIA
SOB ATAQUE*

A EVOLUÇÃO DAS TÉCNICAS DE SENSOREAMENTO REMO-
to com satélites artificiais permite, agora, a identificação individual de cada fazenda que é desmatada. A tecnologia avançou de tal maneira que esta varredura permite
localizar o desmatamento praticamente no mesmo instante
do seu ato.

A revista *Veja*, há algumas semanas, publicou fotogra-
fias obtidas por satélites mostrando, com detalhes, onde e
como o desmatamento ocorre, de modo que a velha desculpa de que a Amazônia é grande demais para ser policiada
deixou de ser verdadeira. Não são precisos fiscais do Ibama
espalhados pela região nem helicópteros para controlar o
que ocorre. Os satélites mostram tudo em pormenores.

O problema, portanto, não é mais o de descobrir quem
está desmatando, mas como impedir que o faça.

A história que *Veja* conta é deprimente. Madeireiras que
obtêm do Ibama guias falsas ou emitidas com informações
tão gerais que podem ser usadas para fazer qualquer coisa.
Da mesma forma, pecuaristas cortam a floresta, sem nenhuma contemplação, para criar bois em áreas imensas, já que
a qualidade do solo é ruim e não permite grandes rebanhos

* 20/04/1999

em áreas confinadas. Essas atividades geram empregos na região e são defendidas por todos ou quase todos os que se podem beneficiar delas, sobretudo os grandes proprietários. Não ocorre a ninguém – nem ao governo – que essa atividade não vai durar muito tempo. A floresta só pode ser cortada uma vez e o resultado é que a expansão do desmatamento em áreas virgens continua e está aumentando.

Há ainda outro lado da história, que é o reassentamento dos "sem-terra" realizado pelo Incra na região amazônica. Esses reassentamentos reduzem a pressão social do MST em outras regiões do país. Dar pequenos lotes a trabalhadores rurais parece, à primeira vista, ser uma política social desejável.

Sucede que a qualidade do solo em boa parte da Amazônia é inadequada para agricultura sustentada, como, aliás, bem o sabiam os indígenas que habitavam aquelas regiões quando chegaram os primeiros colonizadores portugueses. Os índios queimavam uma pequena área da floresta para suas culturas, usavam a terra fértil durante um ou dois anos e depois se moviam adiante, porque ela não tinha capacidade de sustentar culturas durante muito tempo.

No fundo, os reassentados do Incra estão fazendo a mesma coisa. Como o solo é "fraco" e a tecnologia agrícola usada por eles é primitiva, as centenas de milhares de famílias com pequenos lotes avançam na floresta virgem todos os anos. Mesmo que cada uma delas corte apenas alguns hectares, o grande número deles leva a um desmatamento considerável.

A floresta amazônica está, pois, sob ataque de duas direções: os madeireiros e os pecuaristas, que não são muitos, mas devastam grandes áreas; e um grande número de pequenos reassentados, que desmatam pouco individualmente, mas cujo efeito total é grande.

Foi essa combinação que levou ao aumento do desmatamento da Amazônia, que é uma das manchas sérias na reputação do governo brasileiro.

Cedendo à pressão dos dois lados ("esquerda" e "direita", poder-se-ia dizer), o atual governo registra as maiores taxas de desmatamento desde 1990, quando ele estava realmente caindo.

Toda a retórica do desenvolvimento sustentado do Ministério do Meio Ambiente cai por terra diante do aumento anual da área desmatada, que já chega perto de dois milhões de hectares por ano (cinco mil campos de futebol por dia!).

As soluções para esse problema não são fáceis, mas ao menos o governo federal poderia tentar resolvê-lo, o que exigiria dois tipos de medidas:

- em primeiro lugar, exercer séria fiscalização sobre os grandes desmatamentos, o que é fácil com as técnicas de sensoreamento dos satélites – e os desmatadores dessa categoria não são muitos;
- em segundo lugar, enfrentar o problema que é o das centenas de milhares de reassentados, o que é mais difícil.

O que se impõe, contudo, é cessar a política de encorajar a migração para a Amazônia, que só cria ilusões nos que migram. Além disso, é preciso criar opções de sobrevivência para os que já migraram para lá. Isso só pode ocorrer com a urbanização em torno de pequenas cidades e a criação de atividades de caráter agroindustrial, ou mesmo industrial, nelas.

Lembrar a Zona Franca de Manaus, nesse contexto, não é uma idéia muito feliz, já que ela gerou outros problemas. O fato, contudo, é que a criação da Zona Franca de Manaus atraiu a população rural para a cidade, o que evitou que o estado do Amazonas fosse desmatado. Isso não ocorreu no Pará, que, com uma população não muito diferente da do Amazonas, foi amplamente desmatado.

Não há soluções imediatas para o problema do desmatamento da Amazônia, mas o mínimo que o governo federal poderia fazer é evitar que ele se agrave.

AMAZÔNIA
E PARANÓIA*

A LENTIDÃO DO GOVERNO FEDERAL EM ENFRENTAR os problemas do desmatamento na Amazônia está encorajando certas paranóias que podem ser mais prejudiciais ao país do que a própria destruição gradativa da floresta em termos de perda de credibilidade.

O mais recente exemplo é o comportamento do governo ao assistir passivamente à aprovação, numa das comissões da Câmara dos Deputados, do relatório de um deputado ruralista do Paraná, permitindo o desmatamento de 50% da área das fazendas da Amazônia. O limite anterior era de 20%. O argumento de que o Congresso é independente do Executivo não se sustenta. A aprovação ocorreu por onze votos contra três, o que significa que o governo – que usualmente tem maioria na Câmara – simplesmente se omitiu porque havia matérias mais importantes a serem votadas no plenário, como o salário mínimo, e ele não desejava alienar o voto dos deputados "ruralistas".

Essa aprovação foi interpretada por organizações não-governamentais (ONGS), no Brasil e no exterior, como uma concordância tácita com o desmatamento na Amazônia. Essa percepção já existia na mente de muitos, porque esse

* 27/06/2000

desmatamento está crescendo e já é cerca de 50% maior do que era em 1991, tendo atingido o nível de dezesseis mil quilômetros quadrados em 1999.

Daí a grita nacional e internacional contra essa política de omissão, o que levou o governo, tardiamente, a tomar algumas medidas, como anular a desastrada decisão da comissão da Câmara dos Deputados e reeditar a medida provisória anterior, que assegurava um mínimo de proteção à floresta.

O mal, contudo, já estava feito e, com as facilidades que a Internet criou, começaram a surgir sugestões de "internacionalizar" a Amazônia para protegê-la, já que o governo brasileiro aparentemente não o faz.

É preciso lembrar que a Internet aceita tudo, até pornografia, e não é possível controlar o que um estudante de uma escola situada no interior dos Estados Unidos coloca nela, como, por exemplo, um novo mapa do Brasil excluindo a Amazônia do mapa usual que todos conhecemos.

Transformar essas incursões na Internet numa tentativa séria de interferir com a soberania nacional é pura paranóia, mas, aparentemente, foi o que ocorreu. A situação chegou a tal ponto que até o embaixador dos Estados Unidos se manifestou a respeito, tentando desmistificar o episódio.

Não é a primeira vez que uma situação como essa ocorre. No fim do governo Sarney, em 1989, foi decidida a divisão das reservas dos índios ianomâmis, em Roraima, em dezoito reservas menores, para permitir a circulação dos mineradores em torno delas, o que certamente levaria à completa destruição dessas tribos indígenas. O fato de as reservas se situarem na região fronteiriça com países vizinhos só complicava a situação.

A grita internacional que se originou dessa iniciativa foi tal que fez surgir também a idéia de criar uma zona internacional para proteger a "nação" ianomâmi. Apesar de essa proposta ter sido feita por organizações não-governamentais insignifcantes, ela criou a paranóia de que a integridade territorial do país estava em perigo e medidas precisavam ser tomadas contra isso.

Diante dessa situação, o governo Collor tomou a única medida sensata cabível, que era a de revogar a decisão do governo Sarney e assegurar aos ianomâmis uma grande reserva indígena, única forma de manter sua integridade e cultura. Isso resolveu o problema e, já passados dez anos, nunca mais se ouviu falar no assunto nem nas paranóias que existiam na ocasião.

Elas renasceram agora por inoperância das autoridades responsáveis pela preservação da Amazônia. Essa preservação, é preciso que se diga, não interessa só a grupos de ambientalistas bem ou mal-intencionados do exterior. Ela interessa primordialmente aos brasileiros, particularmente aos quase vinte milhões de habitantes que vivem naquela região.

O problema é que é preciso ter coragem para enfrentar prefeitos "desenvolvimentistas", fazendeiros e madeireiros inescrupulosos e até assentamentos legais ou ilegais que redundam na depredação da floresta por meio de uma exploração que não é sustentável. Não se pode esquecer que a floresta amazônica não se formou sobre terras férteis, como a terra roxa de São Paulo. Aquele ecossistema é frágil, e o desmatamento indiscriminado levará à desertificação da maioria das áreas. Em outras palavras, a floresta só pode ser destruída uma vez, dando talvez algum lucro imediato a uns poucos, mas que não se vai repetir no futuro, como a agricultura sustentada do Sul do país.

É oportuna, portanto, sob todos os pontos de vista, a formulação de uma política agressiva de proteção à floresta amazônica. Essa é a resposta necessária, e não a de alimentar teorias conspiratórias que só criam confusão e afastam o governo das funções que realmente deve exercer.

COMO SALVAR A AMAZÔNIA?*

O QUE ESTÁ OCORRENDO NA AMAZÔNIA NAS ÚLTIMAS décadas é um exemplo dramático do conflito que existe entre a utilização de recursos naturais e a preservação do meio ambiente. A população local e as empresas que operam naquela região têm uma visão pragmática e de curto prazo em relação ao uso da floresta.

Na Amazônia, a terra é barata e ao alcance da mão. E com poucos recursos se pode desmatar uma grande área a baixo custo, vender parte da madeira, queimar o resto e "soltar uns bois no pasto", num tipo de uso do solo extremamente ineficiente, com menos de uma cabeça por hectare. Após algum tempo, a terra pode ser usada para plantações de soja, utilizando técnicas de mecanização, já que a terra é plana. Às vezes podem ser necessários produtos químicos apropriados para adequar a terra a esta cultura, mas empresas que atuam no setor já se mostraram preparadas para fazer os investimentos necessários e garantir a compra do produto.

Para muitos ambientalistas, contudo, a destruição da floresta amazônica, que prossegue em ritmo acelerado, terá conseqüências sérias, que tornarão o Nordeste mais seco e

---

* 17/10/2006

reduzirão a precipitação de chuvas no Sudeste e na própria Amazônia, além da imensa perda da biodiversidade que a floresta amazônica abriga.

Essas conseqüências negativas só aparecem a médio e longo prazo, sobretudo porque os atingidos e prejudicados com a perda da biodiversidade, perturbações no ciclo hidrológico e, em última análise, mudanças climáticas no Nordeste e no Sudeste não são os responsáveis por elas. Este é um conflito típico entre os interesses imediatos da população local envolvida e os interesses difusos do resto do país, que cabe ao governo federal mediar.

Apesar do muito que se tem escrito (e pesquisado) sobre biodiversidade da Amazônia e suas riquezas, além de outros serviços ambientais, a crua realidade é que a exploração e o uso das reservas florestais têm sido feitos principalmente ao longo de três linhas tradicionais:

- extração predatória de madeira nobre;
- "manejo sustentável" (o que, na verdade, não ocorre);
- o desmatamento e avanço da fronteira agrícola para pastagens e cultura de soja.

A extração de madeira no mundo ocorre principalmente na Indonésia (com 27% da produção mundial), na Malásia (21%) e no Brasil (20%). A contribuição da Amazônia ao mercado internacional tem sido modesta, apesar de produzir aproximadamente 25 milhões de metros cúbicos de madeira por ano. As razões para isso são várias, incluindo a exploração concentrada em poucas espécies conhecidas pelo mercado, a falta de infra-estrutura apropriada e, principalmente, a baixa qualidade da madeira produzida na Amazônia, devido ao baixo nível tecnológico, o que resulta em grande desperdício: apenas 30% de uma tora é aproveitado, ou seja, 70% vira lixo urbano e rural.

Lamentavelmente, apesar de se falar muito em manejo sustentável, apenas uma pequena fração das áreas que estão nesta categoria no mundo produzem uma renda satisfatória, e, por falta de fiscalização e infra-estrutura, acabam se convertendo em atividades predatórias. É por essa razão que a iniciativa do atual governo de promover desenvolvimento sustentável por meio do arrendamento de florestas públicas é controvertida e tem, no fundo, um caráter experimental de pequeno vulto, enquanto "corre solto" o desmatamento predatório, com o desnudamento de uma área de vinte mil quilômetros quadrados por ano, maior que o estado de Alagoas.

Várias soluções para os problemas da Amazônia têm sido sugeridas, algumas completamente irrealistas, como a de simplesmente preservar aquela região como um museu vivo, ignorando que lá vivem vinte milhões de brasileiros. Outras são ingênuas, como a de tratar a Amazônia como se fosse a Costa Rica, onde a preservação das florestas dá origem ao ecoturismo, atraindo visitantes dos Estados Unidos. O território da Costa Rica é cem vezes menor do que a Amazônia Legal. É por essa razão que as doações bem-intencionadas de áreas para preservação de alguns milhares de hectares no Paraná ou em outras partes do país são louváveis, mas não têm maior significado diante do tamanho do problema na Amazônia.

Já a criação de unidades de conservação na Amazônia pelo governo federal é significante: existiam milhões de hectares nessa categoria, e o atual governo criou outros. O problema é protegê-las. As unidades de conservação da Amazônia têm em média um guarda-parque (ou equivalente) por cem mil hectares, enquanto a média mundial é 27 vezes maior. Esta é uma ação urgente que o novo governo deverá equacionar, e poderá ser uma solução parcial para o problema da preservação da floresta.

O que se poderia fazer é implantar na Amazônia pólos de desenvolvimento verticalizados, que não apenas sirvam para a extração de madeira certificada, mas criem uma cadeia produtiva que exporte, para o resto do Brasil e para o exterior, produtos de maior valor agregado.

Uma área tão grande da Amazônia já foi destruída (sessenta milhões de hectares, ou 18% do total, que corresponde a quase três vezes a área do estado de São Paulo) que não é necessário avançar ainda mais a fronteira agrícola para encontrar terras para cultivo de soja ou outros produtos. A ênfase daqui para frente deve ser a de recuperar áreas degradadas e subutilizadas, intensificar a pecuária, e colocá-las em condições de se tornarem produtivas. O avanço da fronteira agrícola só deve ocorrer em áreas designadas para tal, após a elaboração de um cuidadoso zoneamento ecológico-econômico, cuja execução seja fiscalizada pelo poder público e pela sociedade.

V.

ENERGIA NUCLEAR

ENERGIA NUCLEAR
E MEDICINA*

A GRANDE MAIORIA DAS PESSOAS ASSOCIA ENERGIA NU-clear a bombas atômicas, morte e sofrimento, por uma razão muito simples: ela entrou na história com a destruição de Hiroshima e Nagasaki pela ação de bombas atômicas, em 1945, no fim da Segunda Guerra Mundial. Essa tecnologia foi desenvolvida há apenas sessenta anos.

Uma das aplicações pacíficas que resultaram da fabricação de bombas atômicas após 1950 são os reatores nucleares para produção de eletricidade, nos quais se depositaram grandes esperanças até recentemente. Essas esperanças se transformaram em realidade em alguns países, como a França e o Japão, que produzem boa parte de sua energia elétrica por meio de reatores nucleares.

Na maioria dos outros, porém, surgiram resistências ao seu uso em razão dos riscos de acidentes, como o que ocorreu em Chernobil, na ex-União Soviética, e de outros problemas relacionados com os depósitos de lixo radioativo resultante do funcionamento dos reatores. Com isso, o futuro da energia para essa finalidade se tornou incerto.

* 02/06/1998

O que não é incerto, contudo, é o uso de radioatividade na indústria e na medicina, visto que aplicações da energia nuclear estão crescendo muito e, provavelmente, vão superar a importância dos seus outros usos.

A radioatividade é conhecida desde o início do século, principalmente por causa dos trabalhos de madame Curie, que contraiu câncer ao manipular durante anos substâncias radioativas. Sucede que, além de causar câncer, a radioatividade também pode curá-lo – ou ser usada em diagnóstico médico. Essa área de pesquisa e aplicação se desenvolveu muito quando se descobriu como produzir substâncias radioativas artificialmente, ampliando as possibilidades de seu uso.

Na natureza existem muito poucas substâncias naturalmente radioativas, como o urânio ou o próprio "rádio" descoberto por madame Curie.

As substâncias radioativas produzidas pelo homem são indistinguíveis das que não o são, como o iodo radioativo, que é tratado pelo organismo humano como se fosse o iodo natural que se concentra na tireóide. Se uma pessoa desenvolver um câncer na tireóide, pode-se dar a ela iodo radioativo preparado nos reatores nucleares – que, por suas propriedades, pode destruir as células constituintes do câncer sem atingir outras partes do organismo.

Essa é apenas uma das formas de usar substâncias radioativas, e as tecnologias para fazê-lo continuam a evoluir rapidamente. Muitas delas já estão disponíveis nos melhores hospitais do país, como o Albert Einstein, o Samaritano e o Incor, além de vários outros.

A introdução, no país, das tecnologias desenvolvidas no exterior, bem como o aperfeiçoamento e desenvolvimento de outras, foi feita de forma pioneira no Instituto de Pesquisas Energéticas e Nucleares na Cidade Universitária, no Butantã. Esse instituto, criado em 1956 e subordinado à Comissão Nacional de Energia Nuclear, vinculado à Universidade de São Paulo, serviu de celeiro para a formação de um grande número de médicos e especialistas familiarizados com o manuseio de materiais radioativos e seu uso na medicina. Além disso, produz uma quantidade apreciável de substâncias radioativas no seu reator nuclear de pesquisas.

Esse é o tipo de atividade na área nuclear que não é controvertido, ao passo que os seus usos militares e a própria produção de eletricidade o são.

Armas nucleares estão caindo em desuso dado o fim da Guerra Fria e, apesar de os estoques de bombas nucleares de alto poder de destruição continuarem enormes, eles se reduzirão significativamente dentro de dez ou quinze anos, e poderão até ser banidos da face da Terra.

Por outro lado, apesar de a energia elétrica gerada em reatores nucleares representar cerca de 20% da eletricidade produzida no mundo, são muitas as dúvidas sobre seu futuro.

Esse não é apenas um problema brasileiro: na Argentina, no México e na África do Sul, a contribuição da energia nuclear está diminuindo. Na China, na Índia e no Brasil, ela é pequena e pode crescer lentamente, mas muitos outros países em desenvolvimento não têm projetos claros para utilizá-la.

Neste quadro de incertezas, o uso de energia nuclear – sob a forma de substâncias radioativas produzidas em reatores nucleares – tem um papel acima de controvérsias e um futuro assegurado. É nessa direção que se justificam os investimentos.

ARMAS NUCLEARES – MITOS E REALIDADES*

U M DOS MITOS POLÍTICOS MAIS DURADOUROS DO século XX se desenvolveu em torno da idéia de que as armas nucleares – desenvolvidas pelos Estados Unidos e pela União Soviética após o fim da Segunda Guerra Mundial – foram um fator de estabilidade internacional.

Apesar de toda a retórica da Guerra Fria, as duas superpotências jamais usaram bombas atômicas nas inúmeras guerras regionais que ocorreram nos últimos cinqüenta anos, incluindo a da Coréia e a traumática derrota da intervenção americana no Vietnã. O mito é o de que a posse de arsenais nucleares amedrontou de tal forma os antagonistas – certos de que seu uso provocaria a destruição de ambos – que o caminho foi aberto para manter o *status quo* e resolver pacificamente os conflitos.

Reais ou não, esses mitos determinaram a política das grandes potências de tentar evitar a proliferação nuclear, de modo a manter muito pequeno o grupo de nações capazes de possuir arsenais nucleares. Essa política teve um sucesso relativo e as cinco potências nucleares tradicionais – Estados Unidos, União Soviética, China, Inglaterra e França – criaram uma espécie de condomínio mundial do poder e,

---

* 11/12/2001

não por acaso, são os membros permanentes do Conselho de Segurança da Organização das Nações Unidas.

Os demais países aceitaram essa situação em troca do compromisso das potências nucleares de reduzir gradativamente seus estoques de armas e, eventualmente, eliminá-los.

A cada cinco anos, a Conferência dos Signatários do Tratado de Não-Proliferação Nuclear reafirma esse compromisso, o que – juntamente com medidas restritivas de exportação da tecnologia nuclear por parte das grandes potências – teve sucesso razoável, exceto no que se refere à Índia e ao Paquistão.

A Índia explodiu seu primeiro artefato nuclear em 1974, e o Paquistão em 1998 – e, com a deterioração da situação na Caxemira, ameaçam com freqüência usar armas nucleares, "para evitar um mal maior", que seria a derrota numa guerra convencional e a perda da província em questão. Obviamente, o mito de "evitar a destruição mútua" e o poder das armas nucleares de dissuadir o adversário de usá-las não estão funcionando nesse caso.

Há uma agravante no caso da Índia e do Paquistão, que é a proximidade geográfica dos dois países. Foguetes de curto alcance permitiriam lançar bombas nucleares no país vizinho, e o tempo de vôo desses foguetes seria de apenas alguns minutos, não havendo, portanto, tempo para negociação alguma numa situação de emergência extrema. Afortunadamente, Estados Unidos e União Soviética, hoje a Rússia, estão a milhares de quilômetros de distância um do outro, dando tempo para destruir os foguetes em vôo se necessário e se um acordo for conseguido.

É por essas razões que muitos analistas acreditam que uma guerra nuclear entre Índia e Paquistão provavelmente ocorrerá, sobretudo se a extrema direita assumir o poder na Índia, e os fundamentalistas islâmicos no Paquistão.

Os acontecimentos recentes no Afeganistão reduziram um pouco a tensão sobre a Caxemira, porque Índia e Paquistão estão apoiando as ações dos Estados Unidos e aliados, mas essa situação pode não durar.

Não há dúvida, porém, que a política de negar acesso à tecnologia nuclear a um país com capacidades técnicas médias, como a Índia e o Paquistão, fracassou. Pior ainda: em ambos os países, desenvolver tecnologia nuclear teve sempre amplo apoio – incluindo o dos cientistas –, porque ela era apresentada como importante para promover a auto-suficiência tecnológica. Além disso, outro dos mitos da era nuclear é o de que é possível usar explosões nucleares para fins pacíficos, como abrir canais e fazer portos.

A verdade é que a auto-suficiência tecnológica na produção de alimentos – que se tornou realidade na Índia com a "revolução verde" – foi infinitamente mais importante para a população desse país – sujeito a ciclos periódicos de fome durante séculos – do que bombas atômicas ou foguetes espaciais.

É por essa razão que – dissipados os mitos – existe agora uma nova ênfase em medidas políticas que garantam segurança militar sem a necessidade de ameaças de uso de armas nucleares.

Brasil e Argentina seguiram esse caminho e abandonaram custosos esforços de desenvolver armas nucleares há quase dez anos, criando a Agência Brasileiro-Argentina de

Contabilidade e Controle de Materiais Nucleares (ABACC), que realiza inspeções periódicas nas instalações nucleares dos dois países, o que criou a tranqüilidade e confiança mútua necessárias nessa área.

Esse modelo, que poderia ter sido aplicado no subcontinente indiano antes que a Índia e o Paquistão desenvolvessem armas nucleares, não se aplica mais ali. Ele se aplica ainda, contudo, à Coréia do Norte e à Coréia do Sul. O que continua valendo é a idéia de que o desarmamento nuclear mundial – de todas as grandes potências – é o caminho a seguir, e a segurança nacional precisa ser garantida por outros meios. O uso de armas de destruição em massa não ocorreu até hoje – nem mesmo em ocasiões críticas, como a do bloqueio de Cuba em 1963 –, e esse exemplo deveria inspirar a Índia e o Paquistão.

O FUTURO
DA ENERGIA NUCLEAR*

EXISTE UM MOVIMENTO INTERNACIONAL INTERESSADO num "renascimento" da energia nuclear para enfrentar os problemas das próximas décadas. O "período de ouro" da energia nuclear foi há cerca de trinta anos, quando a maioria dos reatores nucleares que existem hoje – cerca de quatrocentos – foi construída. A partir de 1990 praticamente não se instalaram outras unidades.

Esse "período de ouro" foi caracterizado por um grande otimismo em relação a essa forma de energia:

⊙ Tornou países como o Japão e a França, e os da Europa Oriental – que não têm outros recursos naturais, como a hidreletricidade –, auto-suficientes na produção de energia elétrica. Pesados subsídios governamentais ajudaram na expansão do uso de energia nuclear.

⊙ Diversificou a matriz energética dos EUA e outros, criando esperanças de que a eletricidade produzida seria barata e competitiva.

Esse entusiasmo se desvaneceu ao se perceber que ela era mais cara que alternativas de geração como carvão e as

---

* 21/12/2004

novas tecnologias do uso de eficientes turbinas de gás natural. Nos EUA, onde as usinas nucleares são privadas, não se constrói um reator nuclear há mais de vinte anos.

Além disso, o acidente de Chernobil, na ex-União Soviética, e as preocupações do que fazer com o "lixo nuclear" ajudaram a reduzir muito o interesse por essa opção. O movimento antinuclear levou ao abandono dessa opção na Itália, na Alemanha e em vários outros países industrializados.

Diante dessas dificuldades, o interesse das empresas produtoras de equipamentos nucleares se voltou naturalmente para os países em desenvolvimento, em crescimento rápido, onde alguns governos viam, na energia nuclear – uma tecnologia moderna –, uma fonte de prestígio e *status* internacional. E alguns demonstraram interesse.

Apesar disso, o avanço de energia nuclear nos países em desenvolvimento foi diminuto: a grande maioria deles tem redes elétricas pequenas, nas quais grandes reatores nucleares não se encaixam bem. Exceções são a China, a Índia e o Brasil, onde os governos – e não a iniciativa privada – tentaram seguir o caminho da energia nuclear.

O que aconteceu no caso do Brasil é bem conhecido: além de outros problemas, a energia nuclear custa aproximadamente o dobro da eletricidade produzida em Itaipu, o que significa que o Tesouro Nacional desembolsa cerca de US$ 200 milhões por ano para manter os reatores nucleares de Angra dos Reis em funcionamento. A justificativa dada para isso é que se trata de uma tecnologia nova e, por isso, seu domínio tem um custo que deve ser adicionado ao custo da eletricidade produzida. Isso poderia ser verdade vinte anos atrás. Contudo, como essa tecnologia já atingiu a maturidade, o seu custo não vai mais cair, a exemplo do que ocorre com as novas tecnologias alternativas – vento, células fotovoltaicas e outras que estão se tornando competitivas. O que ocorre na Alemanha, país seguidor desse caminho, é exemplo disso.

Do ponto de vista econômico, energia nuclear só faz sentido em poucos países, como o Japão, onde a produção de energia elétrica é muito cara, já que todos os combustíveis são importados e a energia hidrelétrica não tem grande importância.

Qual a razão, portanto, para um "renascimento" da energia nuclear? A resposta está nas preocupações com o efeito estufa, isto é, o aquecimento do globo terrestre resultante da queima de combustíveis fósseis – carvão, gás e petróleo – para a produção de eletricidade.

Isso é particularmente sério na China e na Índia, países que têm grandes reservas de carvão e parecem dispostos a queimá-las, mesmo que se tornem os maiores emissores de gases do efeito estufa. É também o caso – em menor escala – dos Estados Unidos.

De fato, reatores nucleares não produzem esses gases, e este argumento é a base do interesse renovado em energia nuclear em vários países. O que se observa, em conferências internacionais sobre o tema, é o esforço de técnicos do setor nuclear de abraçar teses catastróficas sobre as conseqüências do efeito estufa, alegando que a energia nuclear as evitaria. Essa situação contrasta com a dos representantes da indústria do carvão, que tentam negar a evidência científica de que o efeito estufa já está ocorrendo. De modo geral, representantes do governo dos EUA apóiam essas posições.

Apesar desses argumentos, é pouco provável um renascimento significativo de energia nuclear nos países em desenvolvimento, talvez com a exceção da China e da Índia, cuja matriz energética é altamente dependente do carvão, o principal contribuinte da poluição local e do efeito estufa, não sendo este o caso do Brasil, que tem outras opções. Existe, além disso, um fator novo nas relações internacionais na área nuclear, que é o da proliferação nuclear, de certa forma indissociável do uso da energia nuclear para produzir energia elétrica, como ocorre hoje na Coréia do Norte e no Irã. A Coréia do Norte não tem grande capacidade nuclear, e as negociações nessa área com os EUA têm, na realidade, motivos políticos. O Irã, contudo, atravessa um complicado período de negociações com a Agência Internacional de Energia Atômica e está sendo pressionado pela União Européia e pelos EUA a abandonar seu projeto de enriquecimento de urânio. Existe o risco de o caso ser levado ao Conselho de Segurança das Nações Unidas, onde sanções poderiam ser adotadas contra esse país, sendo este, portanto, um caminho perigoso.

Levando em conta todos esses fatores, como os custos elevados, os riscos da proliferação nuclear e os problemas não resolvidos do que fazer com o "lixo nuclear", muitos países em desenvolvimento examinarão com prudência os prós e contras da "solução nuclear" antes de nela se engajarem.

A "RENASCENÇA"
DA ENERGIA NUCLEAR*

D E TEMPOS EM TEMPOS, SURGEM, NA IMPRENSA, ARtigos propondo a revigoração do Programa Nuclear brasileiro. Este tipo de "campanha" não ocorre apenas no Brasil, mas também em alguns outros países – principalmente Estados Unidos e Inglaterra –, cujos governos estão empenhados num "renascimento" da energia nuclear, setor estagnado há muitos anos. Nos Estados Unidos, por exemplo, não se inicia a construção de um novo reator nuclear há mais de vinte anos.

Existem basicamente dois argumentos invocados pelos proponentes desse "renascimento".

O primeiro – e o mais fácil de entender – se baseia nos interesses econômicos dos grandes grupos industriais, que no passado construíram a grande maioria dos reatores nucleares. São empresas alemãs, inglesas, americanas e francesas, que agora estão unidas, tentando ampliar seus mercados, vendendo reatores nucleares à China, à Índia e talvez até ao Irã. O governo americano está tentando recomeçar a construção de reatores nos Estados Unidos criando incentivos fiscais e simplificando o licenciamento ambiental de novos reatores, sem muito sucesso até o presente. A única indicação

* 17/01/2006

que anima esses grupos é um novo reator que será construído na Finlândia, que sinalizaria o reinício em grande escala da energia nuclear. No entanto, a insuspeita revista inglesa *The Economist* publicou recentemente uma análise desse empreendimento mostrando que ele é fortemente subsidiado, sendo esta a única maneira de tornar sua eletricidade competitiva com outras opções.

O segundo argumento é o de que energia nuclear não contribui para a emissão de gases que provocam o aquecimento da Terra, como as usinas termoelétricas, que queimam carvão, derivados de petróleo ou gás. Para tornar a energia nuclear competitiva, seria necessário dar ao carbono um valor de mais de US$ 200 por tonelada, enquanto ele está sendo comercializado, hoje, por menos de US$ 10 por tonelada. Por esse motivo, alguns ecologistas têm até se manifestado a favor da energia nuclear, como James Lovelock, mas a própria publicidade dada a declarações de ecologistas que antes eram contrários à energia nuclear e agora mudaram de idéia torna essa "conversão" um tanto quanto suspeita. Por trás disso há provavelmente uma guerra entre os produtores de carvão e gás natural – que não querem perder o seu mercado tradicional de suprir usinas termoelétricas – e as indústrias que produzem equipamentos nucleares. É esta luta que explica o entusiasmo de certos setores com relação à energia nuclear, e não a ação virtuosa de reduzir as emissões de carbono.

Todos esses argumentos têm sido usados também no Brasil para justificar não só a conclusão do reator nuclear de Angra 3, como também a construção de usinas de enriquecimento e até de um submarino nuclear como fator de afirmação da tecnologia nacional e da própria defesa nacional.

O deputado Aldo Rebelo (PC do B–SP) fez recentemente um resumo de algumas dessas justificativas sob um enfoque fortemente nacionalista, mas, lamentavelmente, elas estão todas equivocadas. Seus argumentos não levam em conta nenhuma consideração econômica, como se o domínio da tecnologia nuclear fosse capaz de nos tornar instantaneamente uma grande potência. Só para dar um exemplo, manter operando Angra 1 e Angra 2 custa à Eletrobrás o pagamento dos juros de uma dívida de cerca de quatro bilhões, que a Nuclebrás não consegue pagar com a eletricidade que produz nos seus reatores. Concluir Angra 3 aumentará muito esse custo, além dos novos investimentos necessários, de quase US$ 2 bilhões.

Há motivos de orgulho dos progressos científicos e tecnológicos que fizemos nas últimas décadas nessa área. A produção e o uso de isótopos radioativos feitos no reator de pesquisas do Instituto de Pesquisas Energéticas e Nucleares (Ipen) são um exemplo de sucesso, mas reatores nucleares que produzem eletricidade, como Angra 1 e 2, não são necessários para tal. Enriquecer urânio, como foi viabilizado com sucesso em Aramar, é outro desses exemplos, mas transformar essa atividade numa grande indústria requer outro tipo de decisão e investimentos – os sonhos de se tornar um grande exportador de urânio enriquecido serão de difícil realização.

A idéia de defender a costa brasileira com um submarino nuclear é questionada dentro da própria Marinha, na qual muitos acreditam que uma boa frota de barcos rápidos de superfície e bem armados seria perfeitamente satisfatória, e provavelmente custaria muito menos.

Argumentar também que a posse de armas tornará o Brasil forte é uma visão atrasada do mundo moderno. A China é um país forte e está ameaçando o domínio mundial dos Estados Unidos não por possuir algumas bombas nucleares, mas porque sua economia está crescendo 10% ao ano e dominando as exportações em muitos mercados.

Da mesma forma, o que poderá tornar o Brasil um grande país é resolver os problemas do subdesenvolvimento e dar ao nosso povo acesso aos benefícios da tecnologia moderna, e não se envolver em aventuras que criam desconfianças internacionais, como a possível proliferação de armas nucleares (já defendida pelo ex-ministro da Ciência e Tecnologia Roberto Amaral), que deu origem aos sérios problemas enfrentados hoje pelo Irã com a Agência Internacional de Energia Atômica (AIEA).

Não nos parece que colocar o Brasil numa categoria próxima a esta sirva aos interesses do país. A energia nuclear tem um papel no mundo moderno, mas o mesmo ocorre com outras tecnologias, e o governo brasileiro tem de avaliar com cautela onde fazer seus investimentos.

CHERNOBIL, 20 ANOS*

EM ABRIL DE 1986, UM DOS QUATRO REATORES NUCLEAres da então União Soviética, localizado nas vizinhanças da pequena cidade de Chernobil, a oitenta quilômetros de Kiev, capital da Ucrânia, explodiu e lançou na atmosfera uma enorme quantidade de radioatividade, equivalente a dezenas de explosões nucleares do tipo que arrasou Hiroshima e Nagasaki.

O reator nuclear foi construído para gerar eletricidade, e não houve nele uma explosão nuclear: reatores não explodem como bombas. O que ocorreu foi uma explosão do tipo convencional, devido ao superaquecimento de vapor de água de resfriamento, que destruiu parte do prédio, provocou um grande incêndio e lançou pelos ares parte dos produtos radiativos que são produzidos quando o reator funciona normalmente.

Esses produtos radioativos estão contidos em barras de urânio, que são o combustível nuclear e que, depois de um ou dois anos de uso, são retiradas e armazenadas, recebendo o nome de lixo radioativo. Usualmente elas são armazenadas em piscinas situadas ao lado dos reatores, como ocorre em Angra dos Reis. Em Chernobil, parte das barras foi

* 16/05/2006

vaporizada e lançada na atmosfera, espalhou-se pelas áreas vizinhas, e depois numa grande nuvem radioativa por toda a Europa.

Algumas dezenas de pessoas morreram no acidente. Mas doenças decorrentes da exposição à radioatividade, como leucemia, foram provocadas em milhares de pessoas, e se estima que cerca de dez mil acabarão morrendo de câncer como resultado da explosão de Chernobil, no período de vida da geração que foi atingida (sobretudo crianças).

O acidente só não foi mais grave porque a radiação se espalhou numa vasta área. Na própria usina, seu nível era tão alto que os bombeiros e outros técnicos receberam doses letais de radiação em alguns minutos.

Acidentes ocorrem todos os dias, e o que cabe analisar é o que diferencia o de Chernobil de outros (como a queda de aviões) e quais foram as suas conseqüências.

A primeira – extremamente negativa – é que elas atingem não apenas as vítimas diretas, mas também milhões de pessoas situadas a grandes distâncias e que poderão sofrer as seqüelas da exposição à radioatividade muitos anos depois: até mesmo seus descendentes poderão ser atingidos.

A segunda é que o acidente forçou uma reanálise do papel que a energia nuclear deve ter na sociedade moderna como fonte de energia e a busca de alternativas. O horror provocado pelo acidente de Chernobil reavivou a memória do holocausto de Hiroshima e Nagasaki e contribuiu para pôr um freio na expansão de energia nuclear no mundo todo: desde 1986 não foi iniciada a construção de nenhum reator nuclear nos Estados Unidos e vários países da Europa, como a Alemanha e a Suécia, decidiram desativar, ao longo dos anos, os que possuíam; outros abandonaram essa opção, como a Itália.

Por essa razão, a indústria de construção desses reatores atravessa uma grande crise há vinte anos. Só nos Estados Unidos é que se tenta, agora, fazer "renascer" a energia nuclear, alimentada por grandes subsídios.

A terceira são as conseqüências políticas na União Soviética (URSS). São muitos os que acreditam que o desastre de Chernobil tenha influído decisivamente na resolução do secretário-geral do Partido Comunista daquela época, Mikhail Gorbachev, de tentar abrir a sociedade soviética por meio da perestróica.

A dimensão do problema mostrou à população soviética que o todo-poderoso governo autoritário da União Soviética era incapaz de protegê-la. Em contraste, quando ocorreu um pequeno vazamento de radioatividade nos Estados Unidos, no reator de Three Mile Island, vários anos antes, toda a população foi alertada imediatamente e protegida. O próprio presidente Jimmy Carter se deslocou para a região do acidente com o intuito de tranqüilizar as famílias atingidas. A incompetência que deu origem ao acidente de Chernobil e a maneira canhestra como a burocracia soviética lidou com ele convenceram muitos de que não se estava enfrentando um "acidente", como uma colisão de trens, mas que o sistema era culpado por ele.

Como se sabe, demorou quase uma semana para que as autoridades soviéticas admitissem as proporções reais do problema, e isso só depois que altos índices de radioatividade foram detectados na Suécia e em outros países da Europa. O próprio acidente, que se deveu a falhas humanas – já que os próprios técnicos desligaram os sistemas de alerta –, mostrou a todos a falta de disciplina e a irresponsabilidade do aparato governamental.

É possível argumentar – e isso tem sido feito com freqüência – que o problema de Chernobil só aconteceu porque o reator era de um tipo diferente dos reatores usados nos Estados Unidos e nos demais países do Ocidente, e que se trata, portanto, de um problema dos soviéticos, e não da energia nuclear.

De fato, os reatores nucleares americanos são mais seguros que os de Chernobil, mas nunca se pode dar garantias completas de que acidentes não venham a ocorrer com eles – colisões de trens acontecem até na Suíça!

A principal lição de Chernobil, contudo, não é de natureza técnica ou de uma comparação das vantagens dos reatores ocidentais sobre os dos soviéticos. A lição é a de que produzir grandes quantidades de radioatividade – um fato novo na história da humanidade, que só surgiu no século XX – criou novos problemas e um novo tipo de morte dela decorrente (por câncer). Falar em nome do progresso econômico e de sucessos tecnológicos não é algo que se possa aceitar sem restrições, e a energia nuclear nos faz pensar em que tipo de civilização desejamos para nossos filhos.

O IRÃ E AS
ARMAS NUCLEARES*

U M DOS TEMAS QUE DOMINAM O NOTICIÁRIO INTER-nacional nos dias de hoje é a decisão do governo iraniano de "enriquecer" urânio para uso em reatores nucleares que produzem eletricidade. "Enriquecer" urânio significa submetê-lo a um processo técnico que aumenta a proporção dos átomos capazes de alimentar as reações nucleares, em máquinas chamadas "ultracentrífugas". No urânio natural encontrado na natureza, apenas sete em cada mil átomos deste componente se prestam como combustível para os reatores nucleares. Para uso em reatores nucleares é preciso aumentar esse número para quarenta ou cinqüenta.

A tecnologia necessária para isso é considerada como tendo grande valor estratégico, pois, uma vez dominada completamente, permite que se produza a matéria-prima para bombas atômicas. Para isso é necessário aumentar o número desses átomos para mais de duzentos em cada mil átomos de urânio. Temos aqui um caso típico de uma tecnologia "dual", que pode ser usada para fins pacíficos, que são os reatores nucleares para produção de eletricidade, como os de Angra dos Reis; ou para fins militares, em

* 20/05/2006

bombas como as que arrasaram Hiroshima e Nagasaki em 1945. Com urânio enriquecido não há uma linha rígida que separe usos pacíficos e militares, e a decisão entre um e outro é política. Por essa razão, existem tratados internacionais destinados a impedir que aplicações pacíficas sejam desviadas para fins militares.

O Brasil conquistou uma posição privilegiada nessas questões porque conseguiu enriquecer urânio, graças ao competente trabalho dos nossos técnicos, e eliminou suspeitas de que o tenha feito com a intenção de produzir armas nucleares, por meio de um conjunto de acordos e tratados internacionais, primeiro com a Argentina e depois com a Agência Internacional de Energia Atômica, que realiza inspeções periódicas nas instalações de inúmeros países para certificar que o uso de materiais nucleares se destina exclusivamente a fins não-militares.

Uma das conseqüências desta credibilidade do país é o acesso livre à tecnologia e a materiais nucleares nessa área. Ao ratificar o Tratado de Não-Proliferação Nuclear (TNP), o Brasil abriu mão de parte da sua soberania, abrindo mão igualmente da possibilidade de desenvolver armas nucleares, fato compensado pelas vantagens do acesso à tecnologia nuclear para fins pacíficos (incluindo reatores nucleares). Soberania nunca é absoluta, e o fato de que um país pode fazer alguma coisa não significa necessariamente que o faça. Por exemplo, todos os países têm o direito de desenvolver uma indústria aeronáutica, mas poucos decidiram que vale a pena fazê-lo. Além disso, não é a posse de armas nucleares que torna um país uma grande potência, mas sim o seu desenvolvimento econômico e social. O Paquistão tem armas nucleares, mas nem por isso deixou de ser um país com enormes problemas sociais e com um atraso enorme a corrigir.

O Irã, por sua vez, está testando os limites impostos pelo TNP à sua soberania, e com isso criou um enorme problema com a Agência Internacional de Energia Atômica, que pode levar à aplicação de sanções políticas e econômicas e até à intervenção militar por parte do Conselho de Segurança das Nações Unidas (ONU), ou mesmo à ação unilateral dos Estados Unidos, como ocorreu no Iraque.

Apesar de ser parte do Tratado de Não-Proliferação Nuclear, o Irã procurou obter clandestinamente a tecnologia de enriquecimento do Paquistão, durante muitos anos ignorando a fiscalização da Agência Internacional de Energia Atômica. Com isso, alimentou as suspeitas de que pretenderia, de fato, desenvolver artefatos nucleares, apesar de declarações em contrário, o que viola dispositivos daquele tratado.

Nos termos do TNP, contudo, é "direito inalienável" dos países signatários desenvolver toda a tecnologia nuclear – inclusive o enriquecimento –, desde que para fins pacíficos. Como se assegurar de que os fins são pacíficos, é aí que está o problema, e os Estados Unidos não aceitam que o Irã realize esse enriquecimento justamente por causa das atividades clandestinas que empreendeu no passado, que não o recomendam como um parceiro confiável.

Provavelmente um acordo acabará sendo feito, e os países da Europa têm oferecido vários incentivos ao Irã para que abra mão de enriquecimento do urânio. Por essa razão, tem sido levantada no Brasil a idéia de que abrimos mão facilmente demais da nossa soberania sem exigir compensações apropriadas, como as que estão sendo oferecidas ao Irã.

Este argumento não é correto: o país preservou o direito de enriquecer urânio e, portanto, de garantir, no futuro, o abastecimento desse combustível se não for possível comprá-lo no exterior, como é feito agora para os reatores nucleares de Angra dos Reis. Além disso, não sofreu sanções econômicas de nenhuma espécie, como estava ocorrendo há quinze anos, antes de o presidente Fernando Collor de Mello encerrar os programas nucleares paralelos – ou "clandestinos", segundo alguns –, que estavam sendo realizados ainda de forma incipiente. A Argentina estava seguindo o mesmo caminho, e o acordo firmado pelos dois países permitiu "desnuclearizar" o Cone Sul da América Latina. A criação da Agência Brasileiro-Argentina de Contabilidade e Controle (ABACC) dissipou desconfianças mútuas entre os dois países e permitiu mais tarde a adesão de ambos ao Tratado de Não-Proliferação Nuclear.

Este é o caminho que o Irã deveria trilhar, afastando os custos e sacrifícios que sanções econômicas impuseram ao país e o risco de uma confrontação militar com os Estados Unidos.

A PROLIFERAÇÃO
DE ARMAS NUCLEARES*

PELO TRATADO DE NÃO-PROLIFERAÇÃO DE ARMAS Nucleares (TNP), de 1968, os cinco países que possuíam armas nucleares se comprometeram a adotar medidas para a eliminação, a curto prazo, dessas armas e promover negociações que levassem, a longo prazo, a um desarmamento completo. Em contrapartida, os países que não possuíam armas nucleares abriram mão de desenvolvê-las.

Para entender a verdadeira natureza desse "grande acordo" (ou barganha), é preciso lembrar que, naquela época, a Guerra Fria estava no seu auge e os estoques de armas nucleares nos Estados Unidos e na União Soviética eram superiores a dez mil ogivas em cada um dos lados. Temia-se que essa corrida armamentista levasse a um holocausto nuclear. Por essa razão, os dois grandes rivais na área decidiram que era melhor chegar a um acordo e promover um desarmamento nuclear. Parece um pouco ingênuo acreditar que as grandes potências abandonariam por completo suas armas nucleares, mas a redução drástica dos estoques era de interesse mútuo e poderia ocorrer.

O problema era como tratar os demais países. A proposta original dos Estados Unidos e da União Soviética era

* 21/11/2006

proibir que qualquer outro país (além das cinco potências nucleares) desenvolvesse armas nucleares. Com isso se criariam duas categorias de países: os que tinham e os que não tinham armas nucleares. Esta divisão do mundo em duas categorias permanentes foi muito mal recebida pelos países não-nucleares, e surgiu o temor de que eles seriam também excluídos dos benefícios que a energia nuclear poderia trazer, já que tal tecnologia tem um caráter "dual", em que aplicações pacíficas e militares não são fáceis de separar. Além disso, ela deu às potências nucleares um *status* que é invejado pelos outros países. Para algumas dessas nações, a posse de armas nucleares passou a ser uma questão de prestígio e afirmação da soberania nacional, o que encorajaria a proliferação nuclear.

Nas negociações que levaram ao Tratado do México se propôs a inclusão de um artigo (artigo IV) garantindo aos países não-nucleares o direito inalienável de desenvolver esse tipo de energia para fins pacíficos. Esta é a base legal que o Irã está usando para legitimar seu programa de enriquecimento de urânio.

O TNP não teve apoio de todos os países e Índia, Paquistão e Israel, que não aderiram a ele, desenvolveram armas nucleares. Brasil e Argentina só o fizeram na década de 1990, após avaliarem maduramente custos e benefícios.

Além disso, vários signatários decidiram produzir armas nucleares em violação ao tratado (Iraque, Irã, Líbia e África do Sul). A Coréia do Norte, que era signatária, retirou-se do TNP em 2003 e conduziu sua primeira explosão nuclear em outubro de 2006. A justificativa usada por todos esses países é que a posse de armas nucleares garante sua integridade territorial e o seu governo, ameaçados por vizinhos hostis ou pelas grandes potências.

Na prática, os países que hoje possuem armas nucleares já são nove: Estados Unidos, Rússia, Inglaterra, China, França, Índia, Paquistão, Israel e Coréia do Norte. De acordo com o diretor-executivo da Agência Internacional de Energia Atômica (AIEA), outros trinta países poderiam fabricá-las se o desejassem.

Como impedir que isso aconteça? Sanções econômicas contra países que violaram o TNP, como Índia, Paquistão e agora Coréia do Norte, são pouco eficazes. Contudo, uma combinação de sanções com negociações que redundem em vantagens econômicas e garantia de preservação dos governos e regimes políticos vigentes pode ter sucesso, como ocorreu na África do Sul e na Líbia, que desistiram da posse de armas nucleares.

Uma das formas de fazê-lo seria colocar todas as instalações de enriquecimento de urânio em centros multinacionais sob a égide da AIEA, como foi proposto no início da era nuclear, logo após a Segunda Guerra Mundial, idéia esta que foi sepultada pela Guerra Fria entre os Estados Unidos e a União Soviética. Para que funcionasse adequadamente seria preciso também colocar o reprocessamento do combustível nuclear usado nesses centros multinacionais.

Mais recentemente, várias propostas de centros multinacionais foram apresentadas. A primeira delas foi feita pelo presidente Putin. Ela prevê a criação, na Rússia, de um centro internacional de enriquecimento de urânio do qual outros países seriam sócios. A segunda proposta veio dos Estados Unidos, por meio de um grande programa que pretende provocar um "renascimento" da indústria nuclear, estagnada desde 1985. A terceira partiu dos países que enriquecem urânio hoje (Estados Unidos, Rússia, Inglaterra, França, Alemanha e Holanda), que garantiriam o suprimento dos demais sob a égide da AIEA.

Tais propostas dificilmente vão prosperar, devido a restrições que impõem à soberania nacional, e provavelmente só atrairão países "clientes" das grandes potências. Todas elas exigem que o país beneficiado abra mão do enriquecimento de urânio e existem suspeitas de que teriam como objetivo garantir um monopólio dos países que hoje exportam urânio enriquecido, impedindo que novos competidores (como a Austrália, África do Sul, Canadá e Brasil) entrem no mercado.

A proposta mais realista feita até agora é a de criar um banco de urânio enriquecido na AIEA, que seria usado nos casos em que o suprimento dos fornecedores tradicionais fosse suspenso por razões políticas. Ela não implicaria o abandono do desenvolvimento da tecnologia no país. Tal proposta está sendo negociada e talvez contribua para evitar que outros países sigam o caminho do Irã e da Coréia do Norte.

ENERGIA NUCLEAR NO MUNDO*

O DITADO POPULAR QUE NOS DIZ QUE "O DIABO DEPOIS de velho vira ermitão" foi confirmado recentemente nos Estados Unidos, em artigo assinado por Henry Kissinger, secretário de Estado do presidente Richard Nixon e um dos maiores entusiastas arquitetos da Guerra Fria, junto de outras importantes personalidades e intelectuais que dominaram a política exterior dos Estados Unidos nas últimas décadas.

Basicamente, o artigo propõe um "mundo livre de armas nucleares", proposta feita sessenta anos atrás, logo após a Segunda Guerra Mundial, quando os Estados Unidos eram o único país a possuir essas armas. A proposta fracassou diante da intransigência da União Soviética – que desejava desenvolver as suas próprias armas, o que, aliás, conseguiu em pouco tempo – e da hipocrisia dos Estados Unidos, que desejavam garantir o monopólio sobre elas.

Kissinger e seus colegas argumentam agora que as armas nucleares nas mãos das grandes potências foram essenciais para manter a paz mundial porque estabeleceram um equilíbrio entre elas. A certeza de que uma guerra nuclear destruiria ambos funcionou como um moderador, ou

* 19/03/2007

seja, como uma arma de dissuasão. Acreditam eles, porém, que a proliferação de armas nucleares que se configura hoje, com numerosos novos Estados nucleares – Índia, Paquistão, Israel, Coréia do Norte e possivelmente Irã –, além da Inglaterra, da França e da China, tornou a doutrina da "deterrência mútua", baseada na posse de armas nucleares, obsoleta, perigosa e ineficaz. A posse de armas nucleares nas mãos de Estados "problemáticos" como Coréia do Norte e Irã e a possibilidade de que tais armas caiam nas mãos de grupos políticos extremados que não fazem parte do aparelho estatal criam, segundo eles, problemas insolúveis.

Daí a proposta de tomar medidas concretas para eliminar gradualmente as armas nucleares, que ganharam tamanha importância estratégica justamente devido ao valor dado a elas pelos Estados Unidos e pela União Soviética durante a Guerra Fria.

A proposta pode parecer quixotesca, porque dificilmente países que se julgam ameaçados na sua própria existência, como Israel ou a Coréia do Norte, abririam mão das armas nucleares, como os Estados Unidos e a União Soviética também não fizeram no passado. Há, porém, muitos passos intermediários até chegar lá, e Kissinger propõe um elenco de medidas que o Senado dos Estados Unidos poderia tornar viáveis, como ratificar o tratado que proíbe completamente testes nucleares e cessar a produção de material que possa ser usado para produzir armas (urânio altamente enriquecido e plutônio).

A proposta conflita frontalmente com os esforços feitos por setores do atual governo americano e do governo russo para dar nova vida ao uso de energia nuclear para a produção de eletricidade, que, como se sabe, está estagnado desde 1985. Há mais de 25 anos não se inicia a construção de um único reator nuclear nos Estados Unidos. A retórica usada para justificar esse esforço – destinado a promover interesses comerciais americanos e russos – é a de que a energia nuclear não contribui para o efeito estufa, o que é realmente uma meia-verdade. Seria preciso instalar no mundo mais de três mil reatores nucleares até 2050 – dois por semana – para ter algum efeito real no aquecimento global.

A proposta americana, aceita com entusiasmo pelos russos, é para que haja o desenvolvimento de toda uma nova geração de reatores nucleares (reatores de quarta geração) mais eficientes do que os atuais. Essa tecnologia, contudo, usaria plutônio, e seria também uma maneira de "queimar" os resíduos radioativos, o que aumentaria muito as preocupações com a proliferação de armas nucleares.

Sucede que existem outras formas e estratégias para resolver os problemas energéticos deste século, com medidas muito mais simples e seguras, como as adotadas na Califórnia sobre o uso mais racional de energia. O próprio Programa do Álcool, no Brasil, evita lançar tanto carbono na atmosfera quanto dez reatores nucleares do tipo de Angra dos Reis.

Reviver energia nuclear para a produção de eletricidade sem que isso leve à proliferação de armas nucleares não é impossível, mas exigiria que o Tratado de Não-Proliferação Nuclear fosse cumprido à risca. Quando assinado, em 1967, ele previa que os Estados que não possuíssem armas nucleares não tentariam produzi-las.

Em troca, os países que as possuíam iriam abandoná-las gradualmente. Nem o primeiro nem o segundo compromisso entre os signatários foi cumprido. E a ação fiscalizatória da Agência Internacional de Energia Atômica e até sanções impostas pelo Conselho de Segurança das Nações Unidas não conseguiram impedir a proliferação.

Sem novas iniciativas dramáticas como as propostas por Kissinger e outros, o uso de energia nuclear como instrumento de prestígio e pressão internacional, como está sendo feito pelo Irã e pela Coréia do Norte, vai multiplicar-se e, com ele, os riscos de proliferação nuclear.

O Brasil, apesar de ter dominado a tecnologia de enriquecimento de urânio, não é objeto de desconfianças internacionais, como o Irã, graças ao acordo bilateral com a Argentina firmado em 1992, que criou a Agência Brasileiro-Argentina de Contabilidade e Controle de Materiais Nucleares (ABACC), que se mostrou extremamente eficaz. Por essa razão, tentar reativar o uso de energia nuclear em grande escala num país como o nosso, que tem inúmeras reservas de hidreletricidade ainda não utilizadas, além de outras opções, pode vir a criar problemas. Se o Irã tivesse feito isso com suas imensas reservas de gás, não estaria enfrentando hoje os problemas que resultaram da opção nuclear.

VI.

UNIVERSIDADE

UNIVERSIDADES PÚBLICAS E UNIVERSIDADES PRIVADAS*

A PRIVATIZAÇÃO DE EMPRESAS ESTATAIS, COMO A EM-braer, a Vale do Rio Doce e a Companhia Siderúr-gica Nacional, vistas no passado como estratégicas para o desenvolvimento do país e símbolos da independência nacional, contém ensinamentos importantes.

Em primeiro lugar, o desempenho dessas empresas melhorou substancialmente e sua privatização não provocou desemprego maciço nem parece ter comprometido a segurança nacional. Em segundo lugar, a privatização gerou recursos adicionais para o saneamento da dívida pública e, portanto, o aumento dos recursos para investimentos na área social.

A visão cataclísmica de que a privatização representaria a liquidação do patrimônio público está sendo substituída por outra; a de que por trás da estatização se ocultavam interesses corporativos. Além disso, ficou claro o assalto desavergonhado de protegidos políticos a postos de comando de tais empresas e que as regras que regulam a administração pública são diagonalmente opostas a qualquer tentativa de aumentar a eficiência e promover melhor desempenho dessas mesmas empresas. Em nome da moralidade pública, a exigência de concorrência até para a compra de uma dúzia de lápis e a

* 10/03/1998

realização de concursos públicos viciados, que davam estabilidade a incompetentes, acabou por comprometer o próprio fim que se desejava, que era a boa administração.

Curiosamente, no acirrado debate que se travou em torno da privatização, poucos se deram conta de que existe uma área que no passado estava quase totalmente nas mãos do Estado, mas nos últimos 25 anos foi sendo ocupada de forma muito significativa pela iniciativa privada: a área do ensino superior.

As razões para esse tipo de evolução são bastante claras:

- O crescimento da população em idade de ingressar na universidade, que não foi acompanhado pelo aumento das vagas em faculdades ou universidades federais – instituições federais de ensino superior (Ifes).
- O fato de que as Ifes (e as suas similares estaduais) são inteiramente gratuitas, o que é garantido pela Constituição federal. Como os recursos despendidos pelo governo federal (e pelos Estados) são elevados, eles comprometem mais de 70% dos recursos do Ministério da Educação, que se vê, por isso, com dificuldades para atender ao ensino médio e, o que é mais importante, ao ensino fundamental.

Por essas razões, a quantidade de vagas nas universidades públicas tem aumentado muito pouco ao longo do tempo, e a conseqüência lógica é que o crescimento do número de candidatos foi absorvido pelas instituições privadas (faculdades isoladas ou universidades).

Cobrando mensalidades apreciáveis, muitas dessas instituições prosperaram significativamente, dando origem a verdadeiros "impérios" que enriqueceram seus donos ou as entidades mantenedoras. Várias delas dão a seus alunos uma formação profissional razoável, que atende às necessidades do mercado. Algumas são até excelentes, como a Fundação Getúlio Vargas e as Pontifícias Universidades Católicas, dependendo, é claro, da área de conhecimento.

Apesar disso, as instituições privadas criaram também a reputação de ser apenas "mercenárias" e "escolas de fim de semana", comprometidas apenas com o retorno financeiro dos investimentos, e não com a elevada qualidade dos seus alunos. Parte dessa reputação se deve ao fato de não estarem presentes no corpo docente dessas instituições os grandes nomes que fizeram a grandeza das universidades públicas, como a Universidade de São Paulo, nem terem alunos brilhantes, como os do Instituto Tecnológico da Aeronáutica.

O que há de curioso na comparação acima é que a gestão privada de grandes empresas se mostrou a chave do seu sucesso, ao passo que na área da educação superior isso não aconteceu.

Cabe perguntar por que isso ocorreu e se essa situação não poderia melhorar. Afinal de contas, as melhores universidades americanas são as privadas, num país onde – como no Brasil – as instituições de ensino superior públicas e privadas coexistem.

A resposta a essa indagação é a de que empresas privadas, cuja finalidade é o lucro, podem ser e são efetivamente, mais eficientes que as empresas estatais. Quando se trata de ensino superior, contudo, o único objetivo não é nem o lucro nem a eficiência *per se*, mas objetivos mais amplos ligados à promoção de uma boa educação, atividades culturais e pesquisa científica e tecnológica. Quem tem conseguido cumprir razoavelmente esses objetivos são as escolas públicas, e não as privadas, porque, nelas, os incentivos e critérios de bom desempenho são diferentes. Essa é a razão básica por que o ensino universitário privado de alta qualidade não conseguiu "alçar vôo" no Brasil, não competindo com o ensino público em qualidade, a não ser em alguns poucos casos.

Outros países enfrentam problemas semelhantes, e não apenas na América Latina, na África e na Ásia, mas também em países industrializados, como o Japão.

Nos que tiveram sucesso, como o Japão, duas medidas foram tomadas pelo governo e se mostraram bastante eficazes para garantir a qualidade: por um lado, foram criados mecanismos de "acreditação", que são parecidos com o "reconhecimento" e a "autorização de funcionamento" que o Conselho Nacional de Educação dá no Brasil. Esses mecanismos são, contudo, levados extremamente a sério e existe todo um sistema para apoiar as avaliações, que no Brasil são usualmente superficiais e burocráticas. Para adquirir credibilidade, Comissões ou Conselhos de Educação precisam ter e exercer o poder de autorizar e cassar o funcionamento de instituições de ensino privadas sem interferências políticas; o governo aporta contribuição significativa no custeio das universidades privadas – que pode chegar a 30% dos seus gastos totais – para reduzir as mensalidades pagas pelos alunos e outros gastos em atividades de pesquisa que garantem o seu nível.

O importante papel das universidades privadas no Brasil é uma realidade que não pode ser negada nem ignorada. O que é preciso fazer é melhorá-las. O exemplo do Japão, nessa área, merece ser analisado.

GREVE
NAS UNIVERSIDADES*

A GREVE NAS UNIVERSIDADES FEDERAIS, QUE ALCANÇOU três meses de duração, acabou por constituir um bom exemplo da estranha ideologia que se apossou de parte da intelectualidade brasileira e da incapacidade do governo de enfrentar problemas com coragem e determinação.

No setor privado, como numa fábrica em greve, os donos sofrem o prejuízo por causa da ausência de produção, os empregados perdem seus salários e o conflito se estende até o ponto em que se chega a um acordo. No caso das universidades públicas, quem perde são os estudantes, vítimas e verdadeiros reféns dos grevistas, uma vez que são a arma escolhida para pressionar o governo. Isso até seria compreensível como instrumento de luta se os professores não gozassem de completa impunidade, porque sabem muito bem que não serão demitidos nem perderão seus salários, apesar de alguns atrasos. A greve é uma "chapa-branca" que não existe na indústria e nem mesmo nas empresas estatais, em que grevistas podem ser demitidos.

Greves são instrumentos de luta de empregados contra patrões. Esse conceito poderia ser aplicado às universidades particulares, nas quais há donos e assalariados, mas dificilmente

* 14/07/1998

às universidades públicas, uma vez que a instituição pertence à sociedade.

Nessas condições, o que um governo sensível pode fazer é tentar evitar crises, dialogando com professores e estabelecendo um relacionamento com a fração mais responsável entre eles, que em condições normais constitui a maioria. Na recente greve, esse diálogo se perdeu e todos saem prejudicados: os alunos, a universidade, pelo desgaste diante do público em geral, e o governo, por falta de competência para resolver o problema.

As reivindicações salariais podem ser até justas, após três anos sem aumento, mas esse argumento vale para todo o funcionalismo público federal, que o governo não pode atender sem destruir, na sua visão, o programa de estabilização e austeridade.

É por essa razão que a questão das greves nas universidades públicas não pode ser resolvida apenas com negociações salariais, mas exige negociações sobre a própria estrutura das universidades.

Não há solução de médio e longo prazo para o problema das universidades federais sem resolver a questão da autonomia, e é isso que o ministro Paulo Renato deveria estar fazendo, em lugar de regatear com os grevistas o porcentual do seu aumento salarial ou reter o seu salário.

Uma solução parcial para o assunto foi encontrada no estado de São Paulo, onde as universidades estaduais recebem uma fração dos impostos e os reitores têm de administrá-la dentro de um orçamento claro e definido. Esse sistema criou um senso de responsabilidade no uso de recursos públicos que não existe na área federal.

Emendas constitucionais referentes à autonomia financeira das universidades federais foram apresentadas cinco anos atrás e nunca prosperaram, por causa do desinteresse do governo e pela resistência corporativista das universidades, que deveria ter sido vencida. Vincular recursos orçamentários não é do agrado das autoridades da área financeira do governo, mas há formas de organizar um orçamento, ligado a índices de desempenho e a custos por aluno, que podem ser negociadas. Isso é, no fundo, o que ocorreu em São Paulo, onde a vinculação dos recursos não é permanente.

A crise atual oferece, portanto, uma oportunidade para levar o Congresso Nacional a aprovar leis e/ou emendas constitucionais que regularizem de vez a relação entre governo e universidades, criando condições para um comportamento mais responsável dos dirigentes universitários. A verdadeira "irresponsabilidade cívica" que reina nesse setor precisa acabar.

A REFORMA DO
SISTEMA UNIVERSITÁRIO*

A PROXIMIDADE DAS ELEIÇÕES PRESIDENCIAIS (E A renovação do Congresso) desperta, tanto no governo como na oposição, novas idéias e manifestações de intenção que podem não dar em nada ou levar a inovações reais.

Muitas dessas idéias são de caráter eleitoreiro e consideradas, pelos próprios proponentes, como "um programa para ganhar as eleições, e não para governar", mas algumas delas são interessantes e, num país de poucas idéias, convém não menosprezá-las.

Uma delas é a de reunir, num só ministério, as pastas da Educação e da Ciência e Tecnologia, como fez a França após a vitória dos socialistas. Como o Ministério da Educação no Brasil gasta mais de 70% dos seus recursos com as universidades federais, ele pode ser considerado um Ministério de Educação Superior, que é a área em que atua o Ministério da Ciência e Tecnologia. Sua fusão evitaria duplicações e introduziria maior racionalidade na condução dos assuntos universitários no país.

Uma outra idéia, mais modesta – mas talvez mais eficaz –, seria alterar, de forma substancial, o fluxo de recursos para as universidades federais, que parecem um doente em

* 22/09/1998

estado terminal, como mostrou a recente greve dos professores e os lamentáveis episódios que cercaram a escolha do reitor da Universidade Federal do Rio de Janeiro.

Esses dois eventos serviram para mostrar que tratar as universidades como qualquer outra repartição pública, submetida ao Regime Jurídico Único, com todos os professores estáveis, populismo generalizado, aposentadoria precoce e garantia de impunidade total em caso de greve, não é o melhor método a seguir para garantir ensino e pesquisa de alto nível.

O senso de irresponsabilidade que se instalou em algumas universidades é tal que o governo se vê colocado na posição de usar os recursos públicos para alimentar corporações fisiológicas sem ter a menor capacidade de controlar o uso desses recursos. O resultado é que o sistema universitário público deixou de crescer no Brasil e, para atender a uma população crescente, prosperam as universidades privadas, muitas vezes sem a qualidade necessária. A chamada " privatização" do ensino no Brasil, tão divulgada pelas corporações universitárias (estudantes e professores) como intenção do governo, está ocorrendo, na prática, há mais de vinte anos, e não como resultado de uma política insidiosa, mas por culpa dessas corporações.

É por essas razões que vale a pena lembrar a solução que o Chile adotou por volta de 1980 para enfrentar uma situação muito parecida com a que enfrentamos agora. O que o governo chileno fez, na ocasião, foi abandonar o sistema de atribuir recursos orçamentários às universidades, como fazemos no Brasil, e transferir os recursos em bloco para uma comissão de alto nível, que divide os recursos entre elas, de acordo com critérios de desempenho, como número de alunos, especialidade, qualificação do pessoal docente e nível de pesquisa.

Esse é o sistema em uso há muitos anos na Inglaterra, onde uma comissão de reitores e especialistas em educação atua como um escudo protetor do governo, porque não é o governo diretamente, mas a comissão que distribui os recursos.

Esse sistema poderia ser introduzido no Brasil sem a fusão de ministérios nem outras medidas que exigiriam nova legislação, mas por uma nova forma de elaborar o Orçamento federal.

A alternativa de dar autonomia financeira às universidades não prosperou no Congresso por causa da resistência dos reitores e do desinteresse do Ministério da Educação. Mas as medidas que descrevemos acima são mais simples, sobretudo porque o próprio Conselho dos Reitores das Universidades Federais (Crui) poderia ser encarregado de fazer a divisão dos recursos, dando-se-lhe poder e responsabilidade. O hábito de reclamar mais e mais recursos do governo federal e o de usar tráfico de influências para consegui-los seguramente diminuiria e a eficiência das universidades melhoraria, porque elas teriam de competir entre si.

Esse método revitalizou as universidades chilenas e poderia perfeitamente funcionar no Brasil.

.

A MUNICIPALIZAÇÃO
DO ENSINO BÁSICO*

H Á UM SÉRIO PROBLEMA NÃO RESOLVIDO NA SOCIEDADE brasileira, que é o descompasso entre o que diz a Constituição federal sobre o ensino primário e a realidade. Por um lado, ela determina que o Estado garantirá "ensino fundamental", obrigatório e gratuito.

Para cumprir essa cláusula, a Constituição determina que, nos estados e municípios, 25% dos recursos provenientes de impostos (incluindo transferências do governo federal aos estados e dos estados aos municípios) devem ser dedicados ao ensino. De modo geral, esse dispositivo é cumprido em todo o país, e tentativas de eliminá-lo da Constituição – o que é uma reivindicação freqüente de alguns economistas – têm remotas possibilidades de sucesso.

Apesar disso, o problema continua, porque vários municípios são muito pobres e mesmo 25% de todos os seus impostos e transferências não bastam para manter um ensino primário adequado. O governo federal tentou, nos últimos anos, remediar essa situação criando mecanismos de transferência de recursos, como o Fundef, que assegura uma remuneração mínima aos professores e redistribui recursos

* 11/01/2000

dependendo do número de alunos. Esta é uma forma indireta de "municipalizar" o ensino primário.

O problema, na realidade, origina-se na própria Constituição, que não torna meridianamente clara a responsabilidade de estados e municípios na área do ensino primário, além de declarar que os municípios atuarão "prioritariamente" no ensino fundamental. Em contraste com essa dubiedade, a responsabilidade da União com o ensino universitário – por meio das universidades federais – é bem clara.

O ensino primário decentralizado e administrado pelas prefeituras, subprefeituras ou administrações regionais, nas grandes cidades, poderia funcionar melhor do que funciona hoje. Sob a vista das autoridades locais – auxiliadas e supervisionadas por conselhos locais de pais e mestres –, as escolas primárias poderiam desempenhar melhor seu papel, já que não estariam dependendo de burocracias distantes dos problemas locais. Este é o modelo adotado nos Estados Unidos e Canadá, em que os conselhos de educação locais são eleitos pela população. Estas posições não têm caráter político, mas dão grande prestígio aos escolhidos.

A responsabilidade local, em nível municipal, abre também espaço para iniciativas criativas no sentido de reduzir a evasão escolar e atrair as crianças para a escola, como as que foram instituídas por Cristóvão Buarque em Brasília.

Não parece ser necessário ressaltar a importância deste tipo de escolaridade no país, como, aliás, no resto do mundo. Com a globalização da economia, a qualidade da mão-de-obra se tornou essencial para assegurar condições mínimas de competitividade à economia nacional. Essa qualidade passa por uma escolarização adequada, que não só alfabetize, como também dê alguma formação cultural que permita ao adolescente entender o mundo em que vive e até votar melhor ao escolher seus dirigentes. Não se trata apenas de aprender uma profissão ou de se adestrar em alguma atividade técnica. Até na África do Sul, com o *apartheid*, isto era feito desde o século passado, porque a maioria branca necessitava de mão-de-obra qualificada e criou escolas técnicas para os nativos africanos. Passado um século este é ainda o pior dos problemas da África do Sul, ou seja, dar escola adequada a todos. Esta não é uma situação muito diferente do Brasil, onde há boas escolas privadas para os ricos e más escolas públicas para os pobres.

Por essa razão, não deixa de ser curioso que os aspirantes a cargos públicos no Brasil não se tenham sensibilizado ainda da importância da escola primária como instrumento fundamental para combater o desemprego e melhorar o nível da população. Esta é, aliás, a transformação estrutural mais importante que prefeitos e governadores podem promover.

As razões pelas quais a municipalização não ocorre são complexas e têm que ver com lutas por poder político de governadores, prefeitos e políticos, com seus velhos hábitos de nomear protegidos políticos para delegacias regionais de ensino ou diretores de escola. Além disso, o próprio movimento sindical dos professores tem resistido à municipalização, porque acredita que perderá força se as negociações salariais forem feitas de maneira descentralizada e não em nível estadual.

A Constituição federal poderia ser mudada para estabelecer claramente a responsabilidade do município pelo ensino fundamental, mas o que parece mais pragmático é "municipalizar" de fato esse ensino por meio de convênios entre prefeituras e governo estadual. Isto é o que fez o governador Kleinubing, de Santa Catarina, com sucesso nos seus quatro anos de mandato.

Já na cidade de São Paulo, apenas metade das escolas públicas de primeiro grau é do município, e a outra metade do governo do estado. Com isso, o município decidiu, ao longo dos anos, investir na pré-escola, que pode ser importante, mas não tão importante quanto a escola primária obrigatória dos sete aos quatorze anos.

Além disso, é claro, é preciso dar mais autonomia à própria escola, como, aliás, já é feito em Minas Gerais. Construir escolas e remunerar os professores corresponde a mais de 90% das despesas com educação, nada sendo mais natural do que repassar os recursos restantes diretamente às escolas para que o diretor realize as despesas necessárias sem precisar de aprovações em níveis diversos, distantes da realidade do dia-a-dia das escolas.

Com a aproximação das eleições municipais, no fim deste ano, seria altamente desejável que a educação ocupasse um lugar maior nos palanques eleitorais do que tem ocupado até hoje.

EM DEFESA DAS
UNIVERSIDADES PÚBLICAS*

AS UNIVERSIDADES PÚBLICAS DO ESTADO DE SÃO Paulo – USP, Unicamp e Unesp – atravessam um momento delicado de sua vida por causa da pressão de sindicatos de trabalhadores e de associações de docentes para a concessão de aumentos salariais que são incompatíveis com os recursos dessas mesmas universidades.

É preciso lembrar que as universidades paulistas, desde 1988, dispõem de autonomia financeira (além da autonomia didática e administrativa), que lhes assegura uma fração do orçamento total do Estado. Esses recursos são rateados entre elas e os reitores e colegiados internos são responsáveis pela sua aplicação, sem interferência do governo do estado. Foi essa autonomia que permitiu o aumento notável do seu desempenho didático, científico e cultural. Na última década, isso foi conseguido com a maior liberdade de ação e responsabilidade dos seus dirigentes. Além disso, a administração das universidades, nos últimos nos, tem sido totalmente transparente, e todos os sindicatos e associações conhecem em detalhes os seus orçamentos e suas possibilidades financeiras.

* 02/05/2000

Esse bom desempenho está sendo ameaçado pela atitude intransigente dos sindicatos e associações de pleitear um aumento de 30%, quando o índice de reposição salarial da Fipe é de 7%. A concessão desse aumento (e de outras vantagens que os reitores estão oferecendo como prêmio de produtividade) elevará a fração do orçamento da USP destinado a pessoal a 88%, restando apenas 12% para todas as outras atividades da universidade, como infra-estrutura, manutenção e obras. Sem esses 12% a universidade se tornaria apenas uma escola de terceiro grau.

Por essa razão, atender às reivindicações de aumentos maiores teria uma das duas conseqüências seguintes:

- a deterioração progressiva das instalações da universidade, o que acabaria por prejudicar seriamente sua florescente atividade de ensino e pesquisa; ou
- a perda de sua autonomia financeira, porque as universidades teriam de solicitar recursos adicionais ao governo do estado, o que as levaria à situação anterior a 1988. Essa é ainda a presente situação das universidades federais, que têm de pleitear freqüentemente ao governo recursos adicionais, o que as coloca sob a tutela real do Ministério da Educação.

Poder-se-ia argumentar que as universidades poderiam pleitear um aumento do porcentual a elas concedido no orçamento, mas esse é um processo complexo, e certamente iria criar resistências em outros setores da administração do estado que não têm orçamentos vinculados. Como é bem sabido, as autoridades da área econômica reagem sempre à vinculação de recursos, que, por exemplo, o Ministério da Saúde pleiteia o tempo todo. Além disso, elas já recebem quase 10% do orçamento do estado, o que não é pouco, e aumentar esse porcentual só poderia ocorrer à custa de recursos de outras áreas igualmente prioritárias.

A situação enfrentada hoje pelos reitores já é difícil e só tende a agravar-se em razão do peso crescente das aposentadorias na sua folha de pagamento, que era pequena dez anos atrás, mas já atinge hoje cerca de 27%. Para resolver essa situação é necessário estabelecer um fundo de aposentadoria apropriado, cujo equacionamento pelo governo do Estado é realmente urgente, mas ainda não foi feito.

Do que o estado não pode abrir mão, contudo, é de universidades de alto nível, em que ensino e pesquisa andem juntos. Isso não só é necessário por razões culturais e de formação de profissionais de alto nível, mas porque elas são o motor do desenvolvimento das sociedades modernas, sobretudo na era de globalização e competitividade em que vivemos. Com as barreiras alfandegárias desaparecendo, é indispensável alcançar aqui, no país, o mesmo nível de competência existente no exterior, se não em todas as áreas, ao menos naquelas em que se pode realisticamente competir.

Esse papel tem sido cumprido pelas universidades públicas do estado e pô-lo em risco terá sérias conseqüências. É por essa razão que os sindicatos de trabalhadores e associações de docentes das universidades paulistas devem refletir maduramente sobre as conseqüências de uma campanha salarial irresponsável, lançando-se contra os dirigentes de estabelecimentos de cuja direção também eles participam por meio de colegiados altamente representativos. A sobrevivência e a autonomia das universidades públicas do estado, principalmente da USP, já foram ameaçadas no passado por inimigos externos. É irônico que hoje elas sejam ameaçadas por alguns de seus integrantes.

AS VAGAS DAS
UNIVERSIDADES PÚBLICAS*

U MA NOVA ONDA DE POPULISMO E DEMAGOGIA, ORIGI-
nada na Assembléia Legislativa do Rio de Janeiro, ameaça tornar piores algumas das universidades que têm tentado
manter um bom nível de ensino neste país. Essa Assembléia
aprovou – com o apoio do governador do estado – uma lei
que reserva 50% das vagas da Universidade Estadual do Rio
de Janeiro a alunos que tenham estudado em escolas públicas. Até agora, em todo o país, os exames de ingresso nas
universidades – o assim chamado vestibular – selecionam os
alunos exclusivamente por mérito, isto é, os que obtêm melhores notas nas provas, que são iguais para todos.

A nova lei vai permitir que alunos menos preparados entrem na universidade, desde que tenham estudado em escola
pública, e não em escola particular. A razão para esse privi-
légio seria o fato de que os alunos de escolas particulares são
filhos de famílias mais abastadas, cujos pais puderam pagar
seus estudos. Reservar vagas para os mais carentes – que não
tiveram outra opção a não ser freqüentar a escola pública –
seria uma forma de remediar essa vantagem e compensá-los
por meio de um acesso mais fácil à universidade.

* 26/12/2000

Além de ser difícil pôr tal lei em execução, porque muitos alunos mudam de escola e freqüentam escolas públicas e particulares em diferentes épocas de sua vida escolar, ela se baseia numa hipótese incorreta: a de que escolas privadas preparam melhor os alunos que escolas públicas. A evidência que se tem, com base em pesquisas de campo, é que os alunos oriundos de escolas públicas apresentam um desempenho, em média, superior ao de seus colegas dos demais estabelecimentos, não importando suas características socioeconômicas. Essas pesquisas foram feitas pelo Núcleo de Pesquisas sobre Ensino Superior (Nupes) da Universidade de São Paulo. Além disso, independentemente de sua origem social, o formando das universidades públicas tem melhor formação que os demais. Na prática, o ensino superior público acaba funcionando como o instrumento possível para superar desigualdades, ou para, ao menos, diminuir a iniqüidade no sistema.

A iniqüidade que caracteriza o sistema de ensino superior brasileiro é produzida ao longo do ensino médio, uma vez que nesse nível de ensino é que se definem as possibilidades de ingresso dos jovens nos diferentes estabelecimentos de ensino superior no país. É nesse nível também que se eliminam, de fato, os estudantes em desvantagem econômica.

Tentar corrigir essa iniqüidade no ingresso à universidade pública não só é impossível como pode dar resultados perversos. Reservando 50% das vagas para alunos de escolas públicas fica criada uma reserva de mercado de 50% para os alunos das escolas particulares. À medida que o ensino médio nas escolas públicas melhore, haverá alunos de escolas públicas que serão eliminados do acesso à universidade porque sua cota pode estar preenchida.

Na realidade, o que é preciso eliminar é a existência de uma escola média para os "ricos" (as particulares) e uma escola média para os "pobres" (a escola pública).

Afora essas considerações, existem os aspectos legais do sistema: todos são iguais perante a lei, e um exame vestibular – que é, na realidade, um concurso público – dá iguais oportunidades a todos. Reservar vagas para alguns vai estimular outras reivindicações para reserva de vagas, como, por exemplo, para grupos raciais minoritários.

Só para dar um exemplo, é de fato lamentável que haja tão poucos jovens negros na universidade, já que eles representam cerca de 40% da população brasileira, mas o mesmo ocorre com a distribuição de renda e o acesso a muitas outras atividades.

O problema da distribuição de renda e as desigualdades sociais são a base do problema de acesso à universidade, e não sua causa. Tentar resolvê-lo nesse nível é simplesmente equivocado.

Países ricos com população estável, como a França e a Itália, conseguiram montar um sistema universitário público que aceita todos os estudantes que concluam o curso secundário, no qual, aliás, a avaliação pode ser feita ao longo dos anos, sendo provavelmente melhor do que o exame vestibular, com seu caráter de surpresa, no qual até a "sorte" pode influir.

Esse é o caminho a seguir. Uma medida não demagógica para melhorar o acesso seria aumentar o número de vagas das universidades públicas em cursos noturnos, evitando que dois terços dos estudantes só encontrem lugar nas universidades privadas – e a Assembléia Legislativa do Rio de Janeiro poderia ter aprovado leis nesse sentido.

Atalhos e medidas demagógicas não vão melhorar a situação dos alunos e vão piorar as universidades.

UNIVERSIDADES PÚBLICAS
E A SOCIEDADE*

O ESTATUTO DA UNIVERSIDADE DE SÃO PAULO (USP) de 1988 inovou muito ao criar um Conselho Consultivo com "a finalidade de assegurar a participação da sociedade nos assuntos relativos à administração universitária" e "propor subsídios para a fixação de diretrizes e da política geral da universidade".

Até então, "a participação da sociedade" na gestão da universidade se dava apenas por intermédio da ação do governador e da fixação do orçamento pela Assembléia Legislativa. Com o decreto da autonomia que destina à USP – e às demais universidades públicas do Estado – um porcentual fixo do ICMS, a liberdade da universidade para decidir suas prioridades aumentou muito.

Esta é uma situação completamente diferente da que existia no passado, quando a fixação dos quadros, remunerações e até a escolha de funcionários era feita pelo governo, e não pela universidade. Esta é ainda a situação nas universidades federais, em que inúmeras decisões são tomadas pelo Ministério da Educação, e não pelos reitores.

O Conselho Consultivo da USP foi criado para assegurar a participação da sociedade ou o controle social nas

* 17/04/2001

atividades da universidade. Sem a sua existência, todas as decisões que dizem respeito às políticas da universidade são determinadas única e exclusivamente pelo Conselho Universitário (formado por professores e representantes de estudantes e funcionários), sem a necessidade da consulta a órgãos externos.

Esta é uma situação que dá ao Conselho Universitário uma grande responsabilidade perante a sociedade, mas cria a possibilidade de tornar a universidade muito distante dos problemas que ocorrem fora do *campus*. Na prática, a USP tem-se revelado bastante sensível ao que se passa fora dela, mas o risco do corporativismo é real e deve ser evitado.

As universidades americanas também têm um Conselho Universitário (denominado usualmente como "Senado"), e estão submetidas a um Conselho Diretor externo, formado por pessoas representativas da sociedade – em geral, não acadêmicos – que fixam realmente as diretrizes da universidade. Esses poderes o Conselho Consultivo da USP não tem, mas a competência de enviar "subsídios para a fixação de prioridades" lhe dá uma certa influência.

O Conselho Consultivo da USP foi constituído doze anos depois de ter sido criado e se reuniu pela primeira vez há poucas semanas. Seus integrantes – escolhidos pelo reitor Jacques Marcovitch – são José E. Mindlin, advogado, empresário, ex-secretário de Estado e bibliófolo de grande reputação; Emilia Viotti da Costa, brasileira, que é professora titular da Universidade de Yale; Alan Touraine, diretor da Escola de Altos Estudos em Ciências Sociais em Paris, eminente sociólogo e cientista político; Olavo Egydio Setúbal, grande empresário; a escritora Lygia Fagundes

Telles; e Jennifer Sue Bond, diretora da Fundação Nacional de Ciências dos Estados Unidos.

O tema central das preocupações dos membros do Conselho Consultivo – como o de muitos professores da USP –, em sua primeira reunião, foi o fosso que existe entre o "mundo acadêmico" e o "mundo real" da sociedade fora do *campus*, incluindo empresários e até os políticos.

Para resolver esse problema, Mindlin sugeriu que deveria haver um mecanismo que permitisse a profissionais qualificados, como grandes empresários, dar aulas na USP sem estarem ligados à universidade por contrato.

Emilia Viotti sugeriu a formação de um órgão que articulasse a relação entre a USP e outras organizações: caberia a esse órgão receber os projetos dos pesquisadores e tornar viáveis parcerias com o setor produtivo.

Touraine recomendou que a USP contribua fortemente para a formação de professores dos ensino fundamental e médio e, sobretudo, aumente o número de vagas na universidade.

Olavo Setúbal sugeriu que a pesquisa na USP deve orientar-se para os problemas brasileiros, principalmente nas áreas da saúde e da agropecuária tropical. Ele lembrou que o reconhecimento da pesquisa deve estar baseada não no número de artigos publicados em revistas estrangeiras, mas sim na avaliação dos benefícios trazidos para o bem-estar da população.

A professora Jennifer Sue Bond, com base em sua experiência pessoal nos Estados Unidos, enfatizou a importância do estreitamento de relações da universidade com os setores políticos, em defesa do interesse acadêmico.

Algumas dessas sugestões foram até implementadas em unidades da USP, com sucesso variado. O Instituto de

Estudos Avançados, por exemplo, tem convidado diplomatas para colaborar com suas atividades. Na Faculdade de Economia e Administração é freqüente convidar empresários bem-sucedidos para relatar suas experiências. A USP tem, por exemplo, um setor de atendimento a indústrias que necessitem de solução para problemas tecnológicos. No que se refere a pesquisas aplicadas, a aproximação de certas unidades da USP, como a Escola Politécnica, com a indústria já é muito grande, e a pujança da indústria paulista se baseia em boa parte nela.

O problema existe, contudo, de preservar a liberdade acadêmica e a independência da USP, e não pô-la apenas a serviço da indústria. Seguramente o Conselho Universitário saberá como fazê-lo.

COMO MELHORAR
O ENSINO SUPERIOR?*

E M 1998, CERCA DE 1,7 MILHÃO DE JOVENS CONCLUÍRAM o curso médio, estando, pois, habilitados a fazer um curso superior. Todas as universidades e institutos de ensino superior do país (públicos e privados) têm novecentas mil vagas e aceitaram, portanto, 60% dos possíveis candidatos, o que não parece muito negativo: a competição existe, mas não é exagerada.

O que é negativo, porém, é que apenas 13% dos jovens da faixa etária entre 18 e 24 anos estão nas universidades, um índice muito menor do que o de outros países, onde mais de 50% dos jovens fazem cursos de nível superior.

Essa é a verdadeira exclusão social, que reduz as possibilidades de desenvolvimento do Brasil e o torna um competidor medíocre no mercado internacional. Discutir e propor medidas para garantir o acesso dos mais pobres – que são os que, em sua grande maioria, cursam escolas públicas – ou reservar vagas a grupos étnicos discriminados são problemas secundários diante do problema maior: poucos jovens chegam até o vestibular das universidades e apenas uma fração consegue acesso a elas, sobretudo quando se trata de universidades públicas (que

* 18/09/2001

são gratuitas, de acordo com o que estabelece a Constituição federal).

As vagas das universidades públicas são apenas 220 mil, e estão crescendo lentamente. A solução encontrada para esse problema foi criar um sistema de instituições de ensino superior e universidades privadas – que oferecem quase setecentas mil vagas –, que se está expandindo a uma taxa superior a 10% ao ano, adicionando cerca de cem mil vagas anuais.

O que fazer para resolver esta situação?

A opção óbvia seria expandir as matrículas nas universidades públicas, quer federais ou estaduais, ou, melhor ainda, criar novas universidades públicas. Essa solução é inviável, dadas as limitações orçamentárias. Cobrar mensalidades dos estudantes a tornaria mais realista, mas seria preciso para isso mudar a Constituição federal, que garante a gratuidade do ensino. Isso parece impensável do ponto de vista político, mas está sendo considerado como opção no México, onde até o acesso à universidade pública é universal e assegurado a todos os egressos de escola média.

Uma solução alternativa seria a adoção da proposta do ex-ministro Jarbas Passarinho, que sugeriu que fosse cobrada uma alíquota adicional do Imposto de Renda das famílias que têm filhos em universidades públicas. Essa não é uma má idéia, sobretudo numa época em que se pensa em aumentar o Imposto de Renda para compensar a queda na sua arrecadação. Tal medida ajudaria a corrigir a distorção histórica que vivemos, em que as famílias de classe média alta matriculam seus filhos em escolas secundárias particulares de bom nível – que cobram mensalidades elevadas – para assegurar que consigam vagas em universidades públicas gratuitas. Isso é exatamente o contrário do que ocorre nos EUA, onde as famílias economizam durante anos para permitir aos filhos irem à universidade, que lá não são gratuitas, nem quando estatais. A escola média é pública e gratuita nos EUA.

Outra proposta para resolver o problema do aumento de vagas nas universidades públicas foi feita recentemente pelo Conselho de Reitores das Universidades Públicas do Estado de São Paulo. A proposta é criar cursos universitários de curta duração (dois anos), o que resolveria problemas em muitas áreas. Há, de fato, uma distorção histórica no Brasil, que é a de pensar que todos os cursos superiores devem ter quatro ou cinco anos de duração, o que pode ser o caso para Engenharia ou Medicina, mas não necessariamente para inúmeras especialidades como Administração Hospitalar, Assistência Social, Marketing e outras. A proposta paulista dobraria o número de estudantes em universidades públicas em alguns anos, o que representaria uma expansão significativa da oferta do sistema público paulista.

Dúvidas existem sobre quão realista é essa solução. Cursos de ensino superior de curta duração são muito populares nos EUA, mas a tradição brasileira os têm visto como cursos de nível inferior aos de quatro ou cinco anos. Isso aconteceu com os cursos de Engenharia Operacional de dois anos de duração, que atendiam bem às necessidades de expansão industrial de São Paulo num certo período, mas não prosperaram como se esperava.

Enquanto essas soluções não amadurecem – e vão demorar até amadurecer –, o ensino universitário privado se expande rapidamente, e não deixa de ser uma solução para preparar quadros devidamente treinados para impulsionar uma atividade econômica e social de grande porte como a do Brasil. O problema é que freqüentemente o ensino nele ministrado deixa a desejar. No Japão, onde a maioria das instituições de ensino superior é privada, o Estado não só as fiscaliza como também as subsidia, pensando em sua melhoria a cada ano.

No Brasil, o que se tem feito é dar bolsas aos estudantes – nunca em número suficiente –, com um sistema que tem dado origem a distorções. Talvez fosse o caso de tentar ajudar diretamente as próprias instituições de ensino superior, desde que baixassem suas anuidades e demonstrassem efetiva melhoria de qualidade na educação e no treinamento oferecidos.

OS PROBLEMAS
DO ENSINO SUPERIOR*

O ACESSO AO ENSINO SUPERIOR É INTIMAMENTE LI-gado ao nível de desenvolvimento socioeconômico de um país. No passado, tinham acesso a ele apenas os filhos das famílias da aristocracia, muito mais para "aprender a governar" do que para dominar tecnologias e usá-las como elemento essencial da produção.

Mesmo após a Revolução Industrial do século XIX, a Engenharia era freqüentemente ensinada em escolas técnicas, e não em universidades. E mesmo a Medicina não tinha um *status* muito elevado.

Essa situação mudou com o enorme desenvolvimento e a importância da tecnologia no século XX e, nos dias de hoje, um curso universitário é o passaporte para a "nova aristocracia" que dirige as sociedades modernas.

Não poderia ser diferente no Brasil, que é uma das nações emergentes no mundo em desenvolvimento. Contudo, a pesada herança colonial do século XIX, bem como o aumento da população, não permitiram recuperar o atraso durante todo o século XX, malgrado o desenvolvimento econômico alcançado.

* 30/10/2001

Nossos indicadores sobre ensino superior são medíocres: apenas 13% da população na faixa etária correta – 18 a 24 anos – está nas universidades e em institutos similares, o que corresponde a menos de três milhões de jovens. Destes, cerca de dois terços estão em estabelecimentos privados – que cobram mensalidades – e um terço em estabelecimentos públicos – que são gratuitos –, como determina a Constituição federal.

É este terço que consome a maioria das verbas do Ministério da Educação, onde os professores e trabalhadores de várias funções são funcionários públicos e onde grupos políticos externos às universidades desempenham um papel importante. A atual greve dos professores das universidades é apenas uma manifestação desta situação. Para eles as greves – e, portanto, o descumprimento de suas obrigações – não têm, na prática, maiores conseqüências, o que não é o caso das universidades privadas.

Como se isso não bastasse, as corporações de professores e funcionários se julgam no direito de dirigir as instituições em que trabalham, sem levar em conta que elas não são "repúblicas independentes", mas foram criadas e são mantidas pelo Estado para cumprir uma determinada missão. É por isso que a tese de "eleições diretas" para reitor é tão popular entre elas, envolvendo os estudantes, que, pela sua própria natureza, são transitórios nas universidades. Se a tese fosse aceita, por que não deixar, por exemplo, que os funcionários – e até os usuários – elejam a diretoria do metrô ou dos hospitais públicos?

Sucede que universidades são instituições altamente especializadas e, por conseguinte, são os professores mais experientes que devem dirigi-las. Esse professor, que se torna reitor geralmente após uma carreira de experiência em cargos administrativos na universidade, é escolhido por um sistema que envolve amplas consultas dentro da instituição e é indicado pelo governador a partir de uma lista tríplice. O reitor responde, portanto, à instituição de onde emana, mas também exerce o cargo em nome do governo. A experiência de "eleições diretas" que varreu várias universidades da Europa após a revolta estudantil de 1968 não deu certo e foi abandonada.

Outro problema que as universidades públicas enfrentam é a resistência de muitos a qualquer avaliação significativa, como se no mundo real não fôssemos avaliados o tempo todo. Além dele, há a tendência de se opor a qualquer esforço para quebrar a isonomia salarial dos docentes manifestada na luta contra as fundações de apoio à pesquisa. São estas fundações as financiadoras de muitas pesquisas que deram um certo dinamismo a muitos departamentos. O argumento é típico de funcionários públicos, que, no fundo, querem preservar a burocracia que os protege, enquanto a captação de recursos externos requer garra e dinamismo demonstrados pelos professores e pesquisadores, qualidades estas que diferenciam os seres humanos em qualquer outro ramo de atividade.

Outra ameaça às universidades públicas é a reserva de vagas para grupos étnicos ou desfavorecidos socialmente. Na nossa opinião, essa proposta não passa de uma tentativa demagógica de ocultar os verdadeiros problemas das universidades públicas, que decorrem da incapacidade material do poder público de oferecer vagas gratuitas a todos, como ocorre em alguns países ricos, como a França e a Itália. Sucede que a reserva de vagas vai baixar ainda mais o nível das universidades, além do que a operacionalização prática dessa proposta é altamente discutível. A solução não é essa, mas sim a de melhorar o ensino médio, de modo a dar a todos melhores condições de ingresso nos exames vestibulares – que são indispensáveis –, até que o acesso se torne universal.

São esses alguns dos maiores problemas que o ensino superior enfrenta no Brasil. Algumas soluções para eles têm sido tentadas nas universidades do estado de São Paulo, onde a autonomia conquistada representou um enorme progresso, distintamente do que ocorreu até agora nas universidades federais. Restam, entretanto, mesmo em São Paulo, problemas importantes a equacionar. Os aposentados tendem a consumir uma parcela cada vez maior do orçamento das universidades, limitando, assim, a expansão dos quadros de funcionários e professores ativos, e até mesmo seus salários. A única solução para tal situação seria a criação de um fundo de aposentadoria, para o qual os funcionários e professores teriam de contribuir.

Com as eleições gerais no próximo ano, veremos, provavelmente, uma exacerbação dessas reivindicações demagógicas, e seria altamente desejável que as autoridades responsáveis – e até os candidatos mais responsáveis – as enfrentassem com coragem, na defesa do interesse público.

COTAS NAS UNIVERSIDADES PÚBLICAS*

A RESERVA DE COTAS PARA FACILITAR A ADMISSÃO E aumentar a participação de negros nas universidades brasileiras viola a Constituição federal, que garante, no artigo 206, "igualdade de condições para o acesso" à escola e ensino gratuito "em estabelecimentos oficiais". No nível do ensino fundamental, logrou-se universalizar o acesso e há escolas públicas para todos. A mesma universalidade não atinge ainda o ensino médio, mas não se ouve falar de cotas nas escolas secundárias, mesmo não havendo igual acesso a todos e onde faltam vagas.

O problema do acesso é certamente mais grave no caso da universidade pública, porque o governo federal e os estados não tiveram até agora condições de manter universidades públicas com vagas suficientes para aceitar todos os egressos do ensino médio que desejarem fazer um curso superior. Um simples cálculo aritmético o demonstra: a União dedica cerca de 18% (e os estados e municípios, 25%) dos impostos à educação. São Paulo dedica 30%. Esses recursos, contudo, mal bastam para manter 1,2 milhão de estudantes nas universidades públicas, enquanto outros três milhões têm de estudar em universidades privadas, que cobram anui-

* 22/03/2006

dades e usualmente são piores que as públicas. Para receber todos os estudantes em universidades gratuitas seria preciso triplicar os recursos destinados à educação superior, com prejuízos fatais para as outras responsabilidades do Estado: saúde, transporte, assistência social, sem falar nos outros níveis de educação, ensino fundamental e médio.

Em outras palavras, o cobertor é curto, e essa é a razão por que existem exames de ingresso às universidades (vestibulares), em que a escolha é pelo mérito e todos concorrem em igualdade de condições, como determina a Constituição e como é o caso de todos os outros concursos públicos.

A instituição do exame do vestibular consiste numa vitória democrática contra as pragas do protecionismo, do clientelismo e do racismo que permeiam a sociedade brasileira. O ingresso depende exclusivamente do desempenho dos alunos em provas que medem razoavelmente bem a preparação, as competências e as habilidades dos candidatos, que são necessárias para o bom desempenho num curso de nível superior. Alunos de qualquer raça, nível de renda e gênero são reprovados ou aprovados exclusivamente em função de seu desempenho. Isso significa que os descendentes de africanos não são barrados no acesso ao ensino superior por serem negros, mas por deficiências de sua formação escolar anterior. Por isso mesmo, é de certa forma estranho que a primeira grande iniciativa de ação afirmativa no campo educacional incida justamente sobre o vestibular, sem propor medidas de correção das deficiências de formação que constituem a causa real da exclusão dos pobres, dos negros e dos índios.

As cotas partem da constatação de que os "negros" não estão conseguindo competir com os "brancos" no vestibular.

De fato isso é verdade, na medida em que aquela população enfrenta obstáculos sociais muito sérios na sua trajetória escolar, dificultando o acesso ao ensino superior. Alguma coisa precisa ser feita para diminuir essa desigualdade. Mas uma das deficiências da proposta de cotas é exatamente ela incidir sobre uma das conseqüências da discriminação racial e da desigualdade educacional sem que estas, em si mesmas, sejam corrigidas. A solução das cotas não se encaminha no sentido de propor uma ação afirmativa que permita aos brasileiros com ascendência africana superar deficiências do seu processo de escolarização e o estigma da discriminação, mas a de reivindicar que, para os "negros", os critérios de admissão sejam menos rigorosos. Segregam-se os mecanismos de entrada: um mais rigoroso para brancos e orientais e outro, menos rigoroso, para "negros", o que certamente prejudicará os "brancos" mais pobres que também não tiveram condições econômicas de obter melhor educação, mas se esforçam para ingressar na universidade.

A idéia do estabelecimento de um sistema de cotas étnicas para o ingresso nas universidades, como forma de combate à discriminação, se originou nos EUA – onde fazia um certo sentido, tratando-se de um país com longa tradição de universidades brancas, que não admitiam negros, e todo um sistema educacional segregado proibia a coexistência de negros e brancos nas mesmas escolas. Este não é o caso do Brasil. E mesmo nos EUA, quebrada a segregação, as cotas estão sendo abandonadas, depois que a Suprema Corte começou a invalidar esse procedimento em função de recursos de candidatos brancos prejudicados pela adoção das cotas.

A criação de cotas, no Brasil, representa um retrocesso na medida em que, pela primeira vez na República, se distinguem, na lei, brancos e negros. Classificações desse tipo estão na base de todas as formas mais violentas de racismo. O anti-semitismo oficial da Alemanha nazista e o *apartheid* sul-africano são exemplos muito claros disso.

Pode-se argumentar que estabelecer cotas para impedir o acesso de minorias a posições vantajosas na sociedade é condenável, mas o contrário (estabelecer cotas para forçar a inclusão) é desejável. Mas, mesmo que seja "para o bem", as cotas têm um pecado de origem, que consiste justamente em estabelecer categorias separadas que tomam como critério características raciais, implicando, assim, promover um novo tipo de racismo.

Uma política afirmativa correta deve oferecer aos alunos das escolas públicas, especialmente negros e pobres, oportunidades de superarem as falhas de sua formação anterior. Enquanto todo o ensino público não melhorar, o que se deve fazer é oferecer subsídios para aumentar a oferta de cursos pré-universitários gratuitos destinados à população que não pode pagar os "cursinhos" freqüentados pelas classes média e alta, e graças aos quais elas melhoram sua preparação na competição por vagas.

COLEÇÃO BIG BANG

Arteciência
Roland de Azeredo Campos

Breve Lapso entre o Ovo e a Galinha
Mariano Sigman

Diálogos sobre o Conhecimento
Paul K. Feyerabend

Dicionário de Filosofia
Mario Bunge

O Mundo e o Homem
José Goldemberg

Prematuridade na Descoberta Científica
Ernest B. Hook (org.)

O Tempo das Redes
Fábio Duarte, Queila Souza e Carlos Quandt (orgs.)

Uma Nova Física
André Koch Torres Assis

O Universo Vermelho
Halton Arp